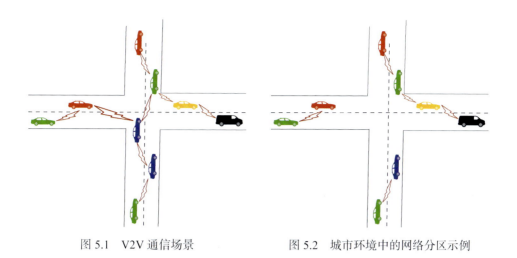

图 5.1　V2V 通信场景　　　　　　图 5.2　城市环境中的网络分区示例

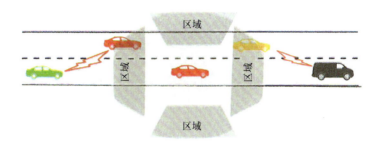

图 5.3　重传区域的网络碎片解决方案

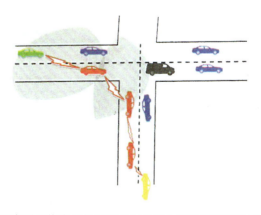

图 5.4　基于车联网络中的位置和方向的路由存储携带转发示例

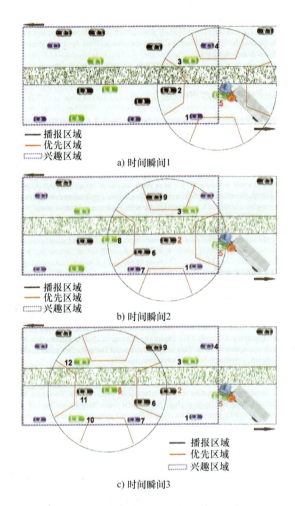

图 7.1 公路事故期间发布的警告示例

智能交通先进技术译丛

智慧城市中的智能交通系统
车联网和云计算的机遇与挑战

Intelligent Transport System in Smart Cities
Aspects and Challenges of Vehicular Networks and Cloud

【巴西】
鲁道夫·I. 梅内盖特（Rodolfo I. Meneguette）
罗布森·E. 德·格兰德（Robson E. De Grande） 编著
安东尼奥·A. F. 洛雷罗（Antonio A. F. Loureiro）

江苏大学汽车与交通工程学院 组译
景鹏 谢君平 冯霞 孙超 展凤萍 江浩斌 译

机械工业出版社

《智慧城市中的智能交通系统》描述了当前使用和研发的智能交通技术，这些技术可用于解决智慧城市中的交通问题。本书描述了解决这些挑战的所有概念和技术，提出了从车辆网络和中央基础设施到分布式结构的自上而下的方法。

对于科学家和研究人员来说，本书汇集了智能交通系统的主要技术的最新成果。对于从业者和专业人士来说，本书描述了可以被付诸实践并用来帮助开发新的应用程序和服务的技术。对于研究生来说，本书解释了主要关注点和概念的重点，可以帮助学生掌握具有挑战性的技术。

First published in English under the title
Intelligent Transport System in Smart Cities: Aspects and Challenges of Vehicular Networks and Cloud
edited by Rodolfo I. Meneguette, Robson E. De Grande, Antonio A. F. Loureiro
Copyright © Springer International Publishing AG, part of Springer Nature, 2018

This edition has been translated and published under licence from Springer Nature Switzerland AG.

北京市版权局著作权合同登记　图字：01-2019-6042 号。

图书在版编目（CIP）数据

智慧城市中的智能交通系统/（巴西）鲁道夫·I. 梅内盖特，（巴西）罗布森·E. 德·格兰德，（巴西）安东尼奥·A. F. 洛雷罗编著；景鹏等译.—北京：机械工业出版社，2021.6

（智能交通先进技术译丛）

书名原文：Intelligent Transport System in Smart Cities: Aspects and Challenges of Vehicular Networks and Cloud

ISBN 978-7-111-68365-0

Ⅰ.①智⋯　Ⅱ.①鲁⋯②罗⋯③安⋯④景⋯　Ⅲ.①交通运输管理–智能系统　Ⅳ.①U495

中国版本图书馆 CIP 数据核字（2021）第 103494 号

机械工业出版社（北京市百万庄大街 22 号　邮政编码 100037）
策划编辑：李　军　责任编辑：李　军　王　婕
责任校对：王　欣　责任印制：郜　敏
盛通（廊坊）出版物印刷有限公司印刷
2021 年 8 月第 1 版第 1 次印刷
169mm×239mm・9.5 印张・3 插页・193 千字
0 001—1 900 册
标准书号：ISBN 978-7-111-68365-0
定价：169.00 元

电话服务　　　　　　　　　　网络服务
客服电话：010-88361066　　　机　工　官　网：www.cmpbook.com
　　　　　010-88379833　　　机　工　官　博：weibo.com/cmp1952
　　　　　010-68326294　　　金　书　网：www.golden-book.com
封底无防伪标均为盗版　　　　机工教育服务网：www.cmpedu.com

译者的话

在传统的交通工程学中，首要强调的是交通系统的构成，包括人、车、路、环境，其中人是决策的主体，车是载运工具，道路服务于车辆，环境对交通系统的运行构成影响。随着现代信息、通信和计算机技术的发展，交通系统趋向于智能化、自动化和信息化，以通信网络为纽带，将车、路和云之间密切联系，为解决现有交通系统在安全、效率和环保等方面存在的问题提供了新的思路。在这一过程中，交通系统的构成要素发生了变化，形成车、路、网、云的架构。车从传统的手动驾驶车辆变为自动驾驶车辆，道路也不单单是车辆运行空间的载体，可以通过网络向车辆提供更为丰富的信息，车载云将这些信息进一步融合、处理，能为车辆的安全高效行驶提供辅助决策。本书的架构完美契合了这一过程，介绍了智能化时代给交通运输系统带来的新功能和变化，详细分析了自动驾驶车辆、网联通信技术、车载云等系统模块，针对交通系统面临的安全和社会问题，引出了智能运输系统对应的应用和服务。最后，为实现智能运输系统新技术的有效性评估，给出了多种仿真测试工具。总体来说，本书站在智能运输系统发展的前沿视角，按照系统、模块、应用和工具的架构，较为全面地阐述了网联自动驾驶技术的各个细节，具有较高的参考价值。

全书由江苏大学汽车与交通工程学院从事交通、网联等领域的科研团队翻译而成，其中景鹏教授翻译了第1章、第2章和第7章，谢君平副教授翻译了第3章和第8章，展凤萍博士翻译了第4章，冯霞副教授翻译了第5章，孙超博士翻译了第6章，全部译文由景鹏教授和江浩斌教授统稿。感谢研究生胡瀚斌、王伟、杜刘洋、徐刚、袁代标和陈媛媛在协助翻译以及统稿过程中花费的大量时间和精力。

景 鹏

2020年12月2日于江苏大学

目 录

译者的话
第1章 智能交通系统 ·· 1
1.1 引言 ··· 1
1.2 智能交通系统的概念 ······································· 2
1.2.1 智能交通系统与智慧城市的融合 ······················· 2
1.2.2 体系结构 ··· 3
1.2.3 智能交通系统的应用 ································· 12
1.2.4 智能交通系统中的安全与隐私 ························· 13
1.3 本章小结 ··· 15
参考文献 ··· 15

第2章 车载网络 ·· 18
2.1 引言 ··· 18
2.2 智能汽车 ··· 19
2.3 车载网络 ··· 21
2.3.1 VANET 的特性 ······································· 22
2.3.2 VANET 的应用 ······································· 23
2.3.3 技术需求 ··· 23
2.4 本章小结 ··· 27
参考文献 ··· 27

第3章 自动驾驶汽车 ·· 30
3.1 引言 ··· 30
3.2 智能车辆 ··· 31
3.2.1 嵌入式机电系统 ····································· 32
3.2.2 传感技术 ··· 32
3.3 控制方式 ··· 33
3.3.1 控制系统架构 ······································· 33

3.3.2 子系统 ... 35
3.4 轨迹规划 ... 35
3.5 计算机视觉 ... 36
    3.5.1 道路偏离检测 ... 36
    3.5.2 障碍物检测 ... 38
    3.5.3 交通标志检测与识别 ... 39
    3.5.4 视觉导航 ... 40
3.6 本章小结 ... 40
参考文献 ... 40

第4章 V2I通信 ... 44

4.1 引言 ... 44
4.2 车路通信的概念 ... 45
    4.2.1 移动性管理 ... 46
    4.2.2 软件定义网络 ... 52
4.3 本章小结 ... 61
参考文献 ... 61

第5章 V2V通信 ... 65

5.1 引言 ... 65
5.2 车车通信概述 ... 66
    5.2.1 网络中断的应对技术 ... 66
    5.2.2 广播风暴的应对技术 ... 67
5.3 路由和数据传输协议 ... 69
    5.3.1 Ad Hoc 协议 ... 69
    5.3.2 基于地理位置的协议 ... 71
    5.3.3 基于簇的协议 ... 75
    5.3.4 基于广播的协议 ... 77
    5.3.5 多播协议 ... 79
    5.3.6 地理多播协议 ... 81
5.4 面临的挑战 ... 84
5.5 本章小结 ... 87
参考文献 ... 87

第6章 车辆云 ... 92

6.1 引言 ... 92
6.2 车辆云的基本概念 ... 93
    6.2.1 云的构成及云服务 ... 94
    6.2.2 虚拟机迁移 ... 96

6.2.3　车辆云工作分配 ·········· 97
6.3　车辆云的资源管理 ············ 98
　　6.3.1　基础设施资源管理 ········· 99
　　6.3.2　车辆资源管理 ··········· 105
6.4　车辆云的服务发现 ············ 108
　　6.4.1　资源发现管理者：路侧单元 ····· 108
　　6.4.2　资源发现管理者：车辆 ······· 111
6.5　本章小结 ················ 114
参考文献 ··················· 114

第7章　应用程序与服务 ············ 118

7.1　引言 ·················· 118
7.2　应用程序 ················ 119
　　7.2.1　安全型应用程序 ·········· 119
　　7.2.2　非安全型应用程序 ········· 121
7.3　ITS中的大数据 ············· 126
7.4　前景展望 ················ 127
7.5　本章小结 ················ 129
参考文献 ··················· 129

第8章　实现和测试工具 ············ 133

8.1　引言 ·················· 133
8.2　出行模型和仿真 ············· 134
　　8.2.1　综合模型 ············· 135
　　8.2.2　基于调查的模型 ·········· 135
　　8.2.3　基于轨迹的模型 ·········· 136
　　8.2.4　基于交通仿真的模型 ········ 136
　　8.2.5　验证 ··············· 137
　　8.2.6　优缺点 ·············· 138
8.3　网络仿真工具 ·············· 138
　　8.3.1　网络仿真器 ············ 138
　　8.3.2　JiST/SWANS ··········· 139
　　8.3.3　OMNeT++ ············ 139
　　8.3.4　优缺点 ·············· 139
8.4　出行和网络集成仿真模块 ········ 140
　　8.4.1　iTETRIS ············· 140
　　8.4.2　VSimRTI ············· 141
　　8.4.3　Veins ·············· 141
　　8.4.4　优缺点 ·············· 143
8.5　本章小结 ················ 143
参考文献 ··················· 143

第 1 章
智能交通系统

交通运输系统是现代社会和城市生活必不可少的组成部分。各种交通运输系统保障了城市中人们的出行和车辆的移动，并且与城市整体的运行发展息息相关。随着技术的发展，以及城市服务功能的扩展和增强，要求在保证安全的前提下提高各种运输系统的能力，从而更高效地实现交通实体的移动。因此，安全、高效和畅通的交通运输系统是城市可持续发展的重要前提，也是目前城市发展所面临的重大挑战。先进信息和通信技术的发展使得这一系统的实现逐渐成为可能。融合了现代信息、通信和计算机技术的交通运输系统被称为智能交通系统（Intelligent Transport System，ITS）。智能交通系统实现了很多创新性的功能，如智能安全预警系统、智能诱导系统、智慧交通管控系统等。智能交通系统通过技术的整合和优化，避免或减少了城市交通运行过程中不必要的损耗和对环境的负面影响。本章将介绍城市智能交通系统的基本概念。

1.1 引言

信息和通信技术的进步推动着汽车工业和现代社会的发展。几十年来，便捷的信息交互技术和移动通信正在不断改变人们的生活。

各国政府、高校以及企业都在为发展更加安全、高效的交通运输系统而贡献着自己的力量，预计在不久的将来，车辆之间的移动通信将成为现实。世界各国都在针对国内或国际车辆网络技术项目进行积极研究和探索。

目前的车联网技术已经集成了嵌入式的设备或者功能，如传感器、摄像机以及计算机和通信技术。这些功能使得道路交通信息能够被实时地采集、传输和处理，从而辅助驾驶员更为安全、平稳地驾驶。从某种程度上说，网联汽车已经成为智慧城市中重要的一环，因为这类车辆可以感知环境，并做出合理的反应，这样不仅有利于交通的管理和控制，同时也是一种新的获取实时道路信息的方式和方法。

目前，智慧城市被定义为利用各种信息技术或创新概念，将城市的系统和服务打通、集成，以提升资源运用的效率，优化城市管理和服务，以及改善市民生活质量。智慧城市通常被认为是与现实生活紧密相关但又无法被肉眼察觉的智能空间。支撑智慧城市的信息和通信技术以及相应的传感器都已经融入了人们的出行和工作，默默地影响着人们的生活。

在智慧城市的背景下，智能交通系统连通了各种类型的城市系统，其目的是优化人们出行的机动性，提供更加安全、舒适、便捷的出行服务。智能交通系统获取实时的道路交通信息，并通过信息和通信技术向出行者提供服务，从而更好地缓解目前城市发展过程中出现的各种交通问题。为了实现这一目标，需要城市和交通系统中各种元素（如传感器、移动设备、车辆）之间的紧密协作。如果将上述元素进行有效的集成，则将有利于道路、交通、环境数据的检测和收集，从而更好地对交通状况进行评估，以应对各种交通问题。

智能交通系统所能提供的服务和功能非常繁多。这些服务和功能使用的通信技术在带宽、响应时间和延时上都存在着巨大的差异，导致了大量异构数据的产生。目前智能交通系统在功能上仍旧存在着不足，使得系统服务质量存在差异化。因此，如何进一步完善智能交通系统的功能及服务仍然是目前广为关注的问题。

本章强调了智能交通系统为智慧城市中的出行者和车辆提供各种信息化和智能化服务的概念，这些服务使得出行更加安全、高效和便捷。在 1.2 节中，我们介绍了智能交通系统的概念、框架和服务，并给出了可能存在的信息安全和数据隐私问题。最后，讨论了如何在智慧城市中积极体现智能交通系统的作用。

1.2 智能交通系统的概念

智能交通系统包括一系列旨在改善出行机动性、提高交通安全性、减少交通负面影响的技术和服务。在 20 世纪，美国首先提出了智能交通系统的概念。现在，智能交通系统得到了学术界和产业界的关注，因为智能交通系统不仅可以改善道路交通条件，使得交通运输行业更加安全、高效和环保，同时也可以缓解天气对通行的不利影响。

智能交通系统整合了信息和通信技术，并将其应用在交通行业中。系统从车内和道路基础设施上的传感器采集数据并进行分析处理，从而推断出当前城市交通系统的运行状态。利用上述信息也可以改善城市资源管理、提高人们的出行便利。智能交通系统有助于缓解城市交通拥堵，并以此减少燃料消耗、碳排放以及经济损失。

在接下来的章节中，我们将介绍智能交通系统的主要体系结构及其功能组件，并将强调各结构之间的主要区别。此外，我们还将介绍一些开拓交通运输系统功能和服务的项目以及智能交通系统面临的挑战。

1.2.1 智能交通系统与智慧城市的融合

目前，一些车辆配置了一系列传感器、摄像头、处理器以及通信设备，这些设备能够实现车辆对信息的采集、传输和处理，从而实现辅助驾驶。这些特征使车辆可以实时获取道路交通信息，成为智慧城市中的重要一环。智慧城市被定义为智能的空间，信息的嵌入和通信技术的应用使得现实中的信息交互更为便捷，从而缓解交通拥堵等问题，以便更好地进行公共管理。

从上述角度来看，智慧城市，或者更广义上的智能空间，指的是嵌入了信息和通信技术以及传感器系统的生活空间，正在潜移默化地影响着人们的生活、出行和工作。智慧城市需要解决交通问题、自然灾害和环境监测问题。为了解决这些问题，需要通过基础设施采集和传输数据。反过来，这些数据的传输又依赖于集成的、异构的、智能的无线通信。

总体来说，智慧城市所提供的服务包括交通信号灯的协调控制、停车信息服务、定位服务、气象信息服务、出行服务以及应急服务等。为了提高信息的准确性，所有的信息服务都应该整合后提供给驾驶员。另一项服务是在道路上部署传感器，用以追踪车辆从而对驾驶员进行安全预警。除此之外，自动驾驶的车辆也可以利用这些传感器辅助乘客出行。有学者提出探索性的框架以研究路侧传感器与车辆之间的通信，使得车辆可以安全地行驶。

随着电动汽车（EV）的出现，提供短途路径规划的服务也随之到来，其目的是将成本降到最低，避免交通拥堵，并将在沿途增设充电桩。另一个与智慧城市相关的是对可持续性行为的关注。为减少燃料消耗和二氧化碳排放，多路径诱导服务和应用程序已投入使用。此外，由于拼车服务可以减少道路上行驶的车辆数，降低有害气体排放，也得到了极大的关注和支持。

在智慧城市中，如何对从各种具有定位功能和通信功能（如Wi-Fi、3G、4G）的移动或固定设备中获取的数据进行分析和处理是我们必须面临的挑战。在上述环境中，必须考虑个人的机动性，以便进行车辆定位和行人跟踪，从而最大限度地保证预测的准确性。因此，这种城市动态性需要识别出行方式、突发事件、日常事件、个体与其周边环境以及其他个体之间的交互。当掌握了城市的地理特征以及与人类行为相关的微观因素之后，智慧城市能够在给定区域内确定个体在一段时间内的运动趋势和特性，从而确定道路网络中的关键区域。换句话说，智慧城市可以识别出被用户访问最频繁的区域以及为什么是这些区域，如在一个给定的时间段内出现的特定人群。

智慧城市中最具挑战的是设计一种切实可靠的方法，从而对多样性、大样本的数据进行实时采集和分析处理。另一个挑战是保证方法的准确性，因为这种方法所采集和分析的数据通常会被用来辅助决策。分析结果需要适用于各式各样的应用程序，因为智慧城市不仅为城市居民个人服务，也为政府部门服务（如消防、医疗和公安）。

1.2.2 体系结构

几十年来，信息和通信技术的发展推动着智能交通系统的发展。为了满足日益增长的多样性的需求,需要定义标准化的方法。在现有的体系结构中,我们将介绍美国、加拿大和欧洲所采用的体系结构。

1.2.2.1 美国智能交通系统架构

美国使用的智能交通系统架构由美国交通运输部开发,注重通过系统之间的协作来提升出行机动性。其架构被称为协同智能交通体系结构参考(ARC-IT),它由一组相互协作的组件构成,可分为4个层,如图1.1所示。每个层的介绍如下:

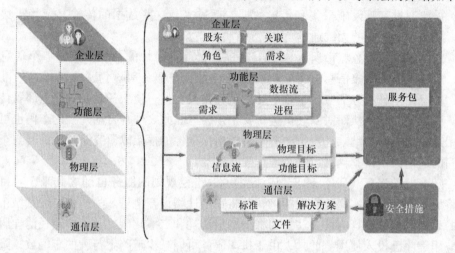

图1.1 协同智能交通体系结构参考

- 企业层处理用户和组织机构之间的关系,构建组织机构在协同智能交通系统中所需要遵循的规则。因此,实体、用户和系统之间的关系依赖于提供服务时实体所代表的职能。企业层由以下一系列对象组成。

  ➤ 企业对象指的是与某些对象进行交互的个体或组织机构。通过参与多个功能之间的交互,企业对象可以包含多个其他对象。例如设备开发商是汽车制造商的组成部分,但它也是参与制定行业标准的单位。

  ➤ 资源支持着某些对象的执行。它可能是一个有限分散的实体单元或虚拟的元素。

  ➤ 关系定义了企业对象之间的协作内容,例如协议。

  ➤ 角色由一系列具有内在联系的对象执行或遵循的动作、功能和规则组成。

  总而言之,企业层由企业对象组成,企业对象之间进行协同和交互以便交换信息、管理系统和操作行为。此外,企业层在企业对象间建立关系,为企业对象和其他对象的交互定义方法,这在视图中被表示为资源。企业对象之间的关系代表的是能完成智能交通系统服务的契约或协议。

- 功能层关注抽象元素的功能及其逻辑交互。因此,功能层定义功能需求,以保证智能交通系统用户的需求得到满足。为此,数据流和进程提供了一种表示交互和功能的结构，以保存所请求的需求。

协同智能交通体系的功能模型是基于结构分析方法的。该方法采用国家智能交通系统体系的逻辑结构。该体系结构应用 Hatley/Pirbhai 的成果，包括 Yourdon - Demarco 数据流图（DFD）来说明功能元素之间的数据流。功能模型不包含图，只包含进程和其数据流的集合。功能层包含以下结构构件：

➢ 进程由执行行动、实现目标或支持其他流程的操作（如收集数据和生成数据）所需的功能或活动组成。

➢ 进程规范对应于函数原语，它对进程进行最详细的文本定义，包括一组函数的输入和输出、它们的需求以及概述。

➢ 数据流包括进程之间的信息流和进程内的对象。

➢ 终端表示在体系结构之外的外部设备，例如信息源和信息接收器。

功能层使用进程管理和控制系统的行为，是某种类型的监控。这些进程执行一组预定义的操作，以实现应用程序的目标或支持另一个进程的运行。功能层还提供数据处理功能、数据存储和元素之间的逻辑流，这些元素建立了进程之间移动的数据流。

- 物理层介绍提供智能交通系统功能的物理要素，如设备和系统。此功能包含交付用户服务所涉及要素的角色、各自功能以及它们之间的联系。因此，物理层介绍了智能交通系统（ITS）所支持的交通系统和信息交互，由 7 个主要对象组成：

➢ 物理对象表示参与智能交通系统的人、地点或物体（图 1.2）。这些对象可以根据它们的应用程序、处理进程和与其他对象的接口来表示。一个物理对象可以分为以下 6 类：

① 中心定义系统的管理和控制中心，它在不靠近道路网络的固定位置提供应用、经营、管理和支持功能。

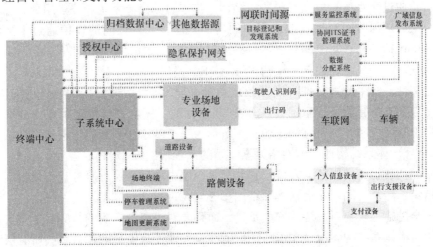

图 1.2　协同智能交通体系结构参考（ARC - IT）主要物理组件示意图

② 场地包含所有基础设施环境，如交通检测器、摄像机、信号控制器、动态信息标志和停车场地。场地还包括车与路侧基础设施之间的通信设备，以及其他能够提供移动元素和固定基础设施之间的通信机制。

③ 支持由一个提供非特定交通服务（如安全和通信便利）的中心组成。

④ 出行者对应于人们在行程中获取交通服务所使用的设备。

⑤ 车辆代表汽车和嵌入式传感器。

⑥ 移动包括所有车辆和出行者。

➢ 功能对象包括物理层中物理对象的构建模块。功能对象将拥有相似进程的特定物理对象集成在一个包中。

➢ 信息流包含物理对象与视图之间交互的信息。该信息满足了接口的通信需求。信息流使用流特征表示一系列的通信协议标准，在流特征中提供了决定这些标准使用和功能的关系协议。

➢ 三元组表示物理对象的来源、信息流的目的地以及物理对象目的地的链接。它用于定义接口。

➢ 子系统由在协同智能运输体系结构参考（ARC–IT）系统边界内具有指定功能的物理对象组成。

➢ 终端表示没有指定功能的物理对象，位于协同智能运输体系结构参考（ARC–IT）系统边界外。

➢ 服务包展示了所有的物理对象。

● 通信层定义物理对象之间的通信机制。它介绍在物理层中提高物理对象间互操作性的通信协议。这些协议需要将物理连接性带来的限制和系统需求进行映射。

协同智能运输体系结构参考（ARC–IT）可以表示为物理对象的集成组。这些物理对象通过交互信息以支持服务包结构。物理对象由子系统和终端组成，它们提供了一组在任何时间或地点都可实现的功能。这些元素之间的通信通过信息流完成，其中包括了物理对象的起点和目的地以及交互后的信息流，如图1.3所示。

此外，协同智能运输体系结构参考（ARC–IT）还包括定义在物理层中的链路的配置文件。每个配置文件识别开放式系统互联（OSI）通信栈的每一层的标准，特别是包括支持智能交通系统（ITS）的通信标准。安全平台指定了数据的安全策略、身份验证机制和加密方法。图1.4所示为一个基于协同智能运输体系结构参考（ARC–IT）体系结构使用的网络元素类型的三堆栈配置。

服务包表示面向服务的入口，它共享4个层中的每个层。服务包不仅指定了技术还指定了涉及协同智能运输体系结构参考（ARC–IT）体系结构的视图。

安全措施不仅要对系统的安全负责，而且要对道路上车辆的行驶安全负责。协同智能运输体系结构参考（ARC–IT）能够全面地处理安全问题，解决所有层级的安全问题。

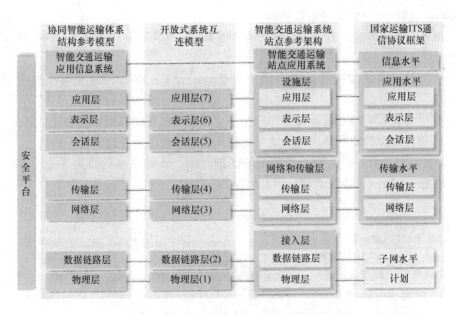

图1.3 协同智能运输体系结构参考（ARC – IT）、开放式系统互联（OSI）模型与NTCI之间的差异

车载设备		路侧设备			服务监控系统
路侧设备网关					
车载设备状态					
智能交通系统应用 信息层 未定义	安全平台 IEEE 1609.2				智能交通系统应用 信息层 未定义
应用层 未定义					应用层 未定义
展现层 ISO ANS.1 UPER					展现层 ISO ANS.1 UPER
阶段层 IETF DTLS	安全平台 IETF DTLS	阶段层 IETF DTLS		阶段层 IETF DTLS	阶段层 IETF DTLS
交通层 IETF UDP		交通层 IETF UDP		交通层 IETF UDP	交通层 IETF UDP
网络层 IETF IPv6		网络层 IETF IPv6		网络层 IETF IPv6	网络层 IETF IPv6
数据链路层 IEEE 1609.4, IEEE 802.11		数据链路层 IEEE 1609.4, IEEE 802.11		数据链路层 LLC and MAC compatible	数据链路层 LLC and MAC compatible
物理层 IEEE 802.11		物理层 IEEE 802.11		物理层 Backhaul PHY	物理层 Backhaul PHY

图1.4 通信图实例

美国的体系结构为智能交通系统的描述提供了框架，它定义了那些必须由物理对象执行的功能。尽管该架构为其用户提供了多种服务，但它并未阐明对同时使用各种通信技术以满足其用户需求所能提供的支持。该体系结构的另一个限制与系统在使用新计算模式（例如云计算和雾计算）方面的灵活性有关。

1.2.2.2 加拿大智能交通系统架构

加拿大交通运输部引入了智能交通系统架构，并为规划、定义和整合智能交通系统提供了框架。该体系结构包含以下元素：

- 能够反映智能交通系统所需的行动功能元素，例如采集交通信息或请求路径。
- 受功能影响的元素能够与物理实体或子系统相对应，例如场地或车辆。
- 信息流和数据流是集成系统中功能元素和物理子系统之间的连接纽带。

该框架包含对每个元素和子系统的详细介绍。该体系结构分为5个不同的组件，如图1.5所示，接下来将介绍每个组件：

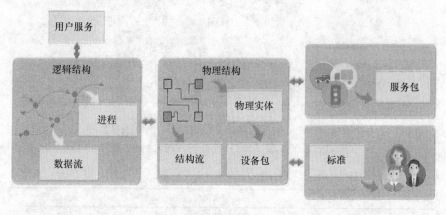

图1.5　加拿大智能交通系统结构体系

- 用户服务介绍提供用户访问的服务平台。该平台为用户提供37项服务，通过这些服务，能够使用户安全、舒适地出行。平台所提供的服务涉及交通管理、出行者信息管理和应急管理。
- 逻辑结构通过定义每个进程的功能和活动来满足用户服务的要求。该结构还旨在帮助识别系统功能和信息流，并尝试指导新系统的开发。通过提供图形视图，逻辑结构能够显示进程和数据流之间的匹配情况。但是，这个结构没有对系统中执行功能的位置或由谁执行功能进行阐明，也没有介绍功能的实现过程。

因此，在加拿大ITS框架中定义了满足用户服务要求的信息集、数据流和进程。进程和数据流被分组以形成特定的交通管理功能，并通过气泡图进行表示，同时被分解为多个细节层次。

- 物理结构介绍了子系统和终端的物理实体。该结构详细说明了系统中子系统和终端的集成，同时提供系统应如何提高所需功能的物理表示，从而将逻辑结构中标识的进程分配给物理实体。

子系统分为4类，分别对应于智能交通系统物理结构中的主要结构元素，如图1.6所示。控制和管理中心通过执行服务定义系统的控制和管理；场地元素包括所有基础设施环境，如路侧单元、监控传感器和摄像头；车辆元素代表汽车和车载传感器；出行者元素对应在行程中使用设备的人员。终端描述体系结构的边界，可以表示为人员、系统或者与智能交通系统联系的环境。

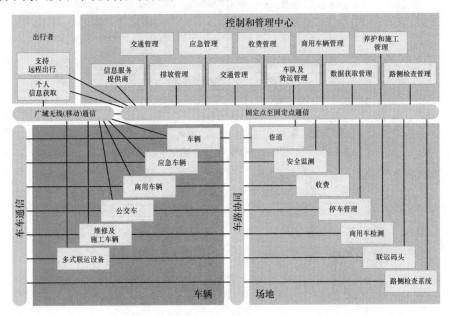

图 1.6　加拿大子系统和通信的 ITS 架构

物理体系结构还使用一个称为设备包的实体，它将子系统进行划分。设备包用于将特定子系统的功能组合成"可实现的"软件包和硬件功能。

- 服务包由物理结构的片段组成，能够处理与交通问题相关的特定服务，例如表面控制。服务涉及一组需要一起工作和传递交通服务的设备包。因此，为提供所需的服务输出，一次服务需要从多个子系统、设备包和终端中收集不同的信息。
- 标准是促进在地方、区域和国家层面部署互通性系统的方法，不会由于技术进步和新方法的发展而停滞。因此，标准是建立开放的智能交通系统环境的基础。

加拿大的体系框架为智能交通系统的设计提供了标准，明确规定了必须由组件和子系统执行的功能。该体系框架所使用的信息流采用了一种通信机制，该机制使得每一个功能的需求与提供给用户的任一服务的需要相匹配。尽管该体系结构向用户提供了多个服务，但对于同时使用各种通信技术来满足用户需求在该体系中是如何实现的仍不清楚。这种体系结构的另一个局限性与资源的可用性有关；所有服务都位于中心，并且两个中心和车辆之间的通信通过接口进行，这就限制了新范式的使用。

1.2.2.3　欧洲智能交通系统架构

欧洲电信标准协会（ETSI）智能交通系统技术委员会负责欧洲智能交通系统

的研发，该体系结构由 4 个子系统组成，如图 1.7 所示。

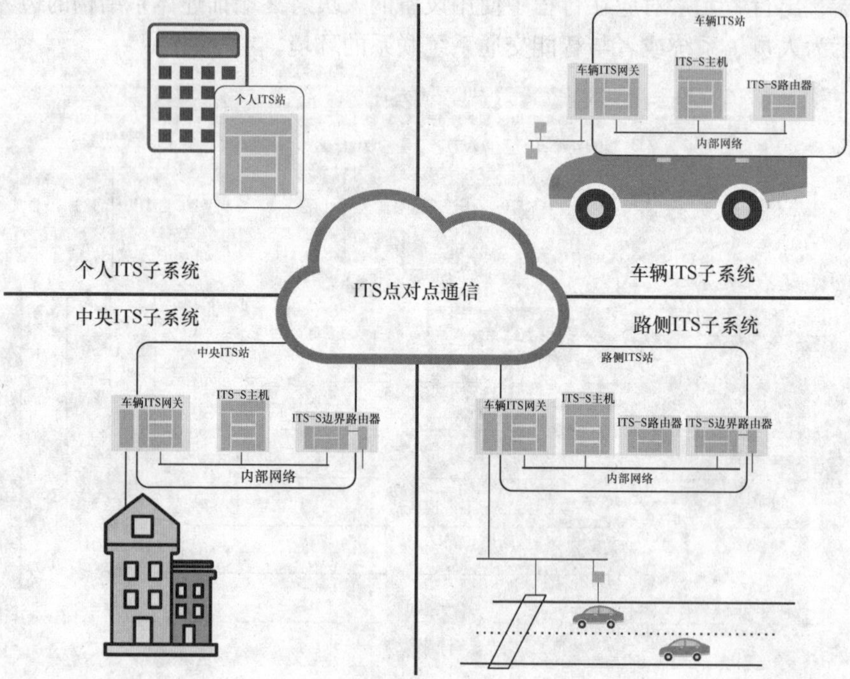

图 1.7　欧洲 ITS 架构：通信子系统

- 个人用户可以通过智能手机等移动设备访问智能交通系统中的服务。
- 车辆对应于嵌入在车辆中的设备，例如车载单元（On Board Unit，OBU），它承载着智能交通系统应用程序。这些应用程序考虑相关车辆及其所在的环境信息，它们负责接收、发送信息，并与其他车辆进行信息交换。
- 中央设备用于管理、监视和向用户提供智能交通系统服务。
- 路侧设备是安装在路边的驱动智能交通系统应用程序的设备。这些设备收集有关车辆流量和路况的信息，在车辆之间建立通信，从而实现车辆之间的信息交换。

这些子系统组成了一个标准的体系结构，称为智能交通系统站（ITS-S）。该体系结构基于开放系统互连模型建立了通信层，并且还包括一个与智能交通系统应用程序连接的层。图 1.8 所示为 ITS-S 体系结构，展示了 6 个要素的具体划分。

- 访问层对应于开放系统互连模型的第 1 层和第 2 层，并包含建立对通信信道访问的功能。
- 网络传输层定义网络信息的寻址和路由以及通过网络发送信息，该模块对应于开放系统互连模型的第 3 层和第 4 层。
- 设备层包括开放系统互连模型的第 5～7 层，旨在帮助智能交通系统应用程序根据其功能和应用管理数据编码和应用程序会话；

- 应用程序层是指智能交通系统应用程序。这些应用程序可能包含多项服务的特性，并且每项服务可能是其他应用程序的组合结果。
- 管理层负责管理智能交通系统站的内部通信。
- 安全实体层提供安全服务。

因此，智能交通系统站承载各种智能交通系统应用，并与子系统内的其他组件和其他智能交通系统站进行通信。

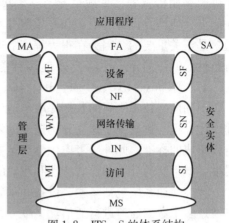

图 1.8　ITS–S 的体系结构

一个智能交通系统站可以由以下功能元素组成：

- 智能交通系统站主机通过个人设备接入智能交通系统应用。
- 智能交通系统站网关支持外部通信，它在第 5~7 层连接 2 个不同的开放系统互连协议栈。
- 智能交通系统站路由器在各个智能交通系统站之间建立车辆与车辆（Vehicle—to—Vehicle，V2V）或车辆与基础设施（Vehicle—to—Infrastructure，V2I）的通信，表示着开放系统互连模型第 4 层（传输）和第 3 层（网络）之间的通信。
- 智能交通系统站边界路由器与智能交通系统站路由器的功能几乎相同，不同之处在于不同边界路由器可能并不支持智能交通系统中相同的管理原则和安全原则。

欧洲智能交通系统体系结构提出了一套提供智能交通系统服务的子系统，与前面提到的体系结构一样，这一体系结构也有局限性，如使用集中控制元件和缺乏与新通信模式的整合。这些局限性降低了其对于将来可能出现的新技术包含的灵活性，甚至包括当前的技术，如云计算和雾计算。

1.2.2.4　智能交通系统的挑战

如今，由于城市道路上增加的车辆以及城市道路网络的特殊性，可以看出城市交通流动的巨大压力。交通流量的增长导致交通问题增加，如拥堵和频发的交通事故。通信技术、位置监测和车辆监控的发展催生了大量依赖于更加即时、动态通信的智能服务，使城市交通的流动状态得以抽象显现。

智能交通系统可以使用不局限于车辆网络的异构通信手段，包括移动设备。这种广泛的通信手段使得系统拥有更强的可扩展性，同时减少发送或接收以及传输系统相关的服务信息而产生的延迟。然而，这些系统的架构在运行有效性、质量保证和安全方面面临着一些挑战，这意味着实施这些服务有时并不可行。

通过上文对现有智能交通系统结构的介绍，我们强调了这些结构中的几个关键组件，例如传感器、车载单元、路侧单元、全球定位系统（GPS）、智能交通灯、访问点、便携式设备、卫星和专用服务器。体系结构的设备之间甚至子系统之间的通信是至关重要的，因为在很大程度上通信决定了智能交通系统解决方案的性能及可行性。通信的异质性需要处理多种能够增加设备灵敏性和复杂性的技术，如Wi-Fi、WiMax、LTE、GSM、3G、4G、卫星技术和蓝牙技术。

不同网络技术之间的数据提取与通信是设计运输系统结构的巨大挑战之一。如前所述，这一挑战源于建立异构连接的复杂性。要使系统协同运行，需要制定便于组件集成的标准。此外，考虑到整个运输系统以及人们在出行时对延误和故障的容忍度、城市交通环境的显著特点和车辆的高度机动性，需要充分建设基础设施。

智能交通系统包括车辆、设备和基础设施，同时还包含多种无线通信技术，允许通过多个数据通道进行通信。文献［8］中介绍的工作证实了互联网基础设施在车辆网络环境中的重要性和作用。根据这项研究可以看出互联网基础设施的好处在于它无处不在，能够在不同的城市环境中提供随时可用的服务，并在车辆之间建立互联。互联网的未来趋势包括点对点（Peer—to—Peer, P2P）无线通信和能够提供应用程序及服务的基础设施。接下来，我们重点介绍了一些利用基础设施与自组网络集成的工作，演示了如何通过使用混合架构使智能交通系统变得完整和高效，并讨论了需要克服的挑战。

文献［9］对城市特征影响的分析表明，适当布置和安装路侧单元（RSU）以及相应的通信设备，可以确保车辆与基础设施（V2I）之间成功进行通信。该研究使用了真实城市场景进行测试，即博洛尼亚市，其中试验采用IEEE 802.11p协议进行V2I通信；结果表明，IEEE 802.11p协议的使用受到街道布局、地形高度、交通密度、重型车辆以及其他障碍物（如树木和植被）的严重影响。这一结果表明在部署路侧单元和配置无线电通信时必须充分考虑环境因素。

从众多文献的研究中可以得知，智能交通系统设计利用了基础设施，其中路侧单元扩展了主要通信机制以充当具有支持智能运输体系结构的计算能力的设备。从最近的研究可以看出，将车辆网络与云计算结合的趋势越来越明显，这两种技术的合并旨在为运输服务提供更大的可扩展性。这些联合技术还可以通过在设备、车辆和与控制中心或数据中心相对应的静态云之间动态产生的移动云通信来提高智能运输体系结构的计算能力。

1.2.3　智能交通系统的应用

随着车辆之间通信的便利和道路基础设施的完善，车辆网络为用户提供了多种应用和服务。智能交通系统的应用程序旨在帮助驾驶员和乘客出行，重点是减少交通事故以及管理城市交通。此外，其他应用程序能够使驾驶员更加平静和愉快地驾驶。主要应用程序如下：

- 安全应用程序的目的是提醒驾驶员注意与其他车辆或前方障碍物发生碰撞

的可能性。为避免碰撞，需要驾驶员快速做出决策。因此，该应用程序对延迟和可靠性有严格的限制。这类应用程序的功能主要包括提醒驾驶员注意高速公路上的危险、碰撞警告、道路事故通知以及前方施工通知。所有服务均旨在避免车辆碰撞，并为急救人员提供高效、快速的通道。

- 交通高效应用程序旨在改善车辆流量、减少出行时间和避免交通拥堵，同时也能够间接地提供经济和环境效益。它们通常借助路边基础设施来获取车辆的交通信息并通过数据传输技术将获得的信息进行传播。这类应用主要包括自适应电子交通标志、路线引导、导航服务、交通流量优化服务以及危险品车辆管理。

- 娱乐舒适应用程序试图通过减轻驾驶负担来让乘客在车内获得舒适感。在该应用程序中，网络元素（如车辆、安装在高速公路或交通灯上的传感器、接入点和移动/行人设备）能够感知环境并提供街道和高速公路上的交通信息，系统再将采集到的信息传输给车辆。该类中的应用程序主要包括交互式游戏、内容共享、黄页和通知服务。

这三个主要类别的应用目的都是试图提高城市交通的效率和舒适性，并且这三类应用已经被广泛研究。本书的第 7 章详细探讨和介绍了这些应用程序和它们所面临的挑战及未来趋势。在本章中，我们要着重探讨一个特别具有挑战性的问题——信息安全，该问题不仅存在于智能交通系统应用程序中，而且也存在于当前任何智能移动应用程序中。信息安全主要涉及两个方面：第一，对系统和应用程序中的信息访问；第二，系统中错误信息的引入。

1.2.4 智能交通系统中的安全与隐私

智能交通系统信息安全的重点在于信息保护和交通基础设施建设。以信息为基础的运输系统更加需要对数据进行检测、采集、处理和传输，这对于提高货物和人员的运输效率、提高运输系统的安全性以及提供出行选择至关重要。由于敏感数据的大规模交换，信息的大规模采集和传输带来了重大的安全和隐私问题。

在智能交通系统体系结构中使用了两种方法来解决安全问题：

- 智能交通系统安全模块会对系统环境中可能出现的安全问题进行离散化和分类，正如前文所述智能交通系统站一样，安全模块能够改善地面运输系统的安全性。图 1.9 所示为智能交通系统的 8 个安全应用程序，这些应用程序可用于检测、响应和解决存在于运输系统中的威胁。

- 通过解决智能交通系统中的信息安全问题，可以保障系统应用程序的安全性，从而加强系统的可靠性和可用性。同时又由于智能交通系统各要素之间信息交互的特性，容易使得交互信息受到篡改或乱用，这会造成严重的交通事故，使得驾驶员或乘客伤亡。因此，安全不仅涉及防止未经授权的机密信息的泄露，还涉及减少扰乱或改变系统运行的威胁。从这些角度来说，信息安全是智能交通系统在运营时所面临的巨大挑战之一。

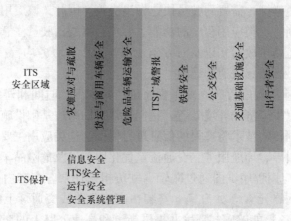

图 1.9　ITS 结构主要构架

在考虑智能交通系统中信息的安全性时，需要加强安全组件的构建。一些科研工作，比如文献［13］介绍了智能交通系统需要考虑的组件。这些组件包括保持系统安全、处理系统威胁以及提供安全服务等功能，以此来保障系统能够正确地执行相应目标。

在确保智能交通系统安全方面，我们可以着重考虑以下几个方面：
- 保密性旨在确保数据和系统不被未经授权的实体、流程或系统访问。
- 可用性是指允许授权实体、流程或系统访问数据和系统。
- 完整性包括确保智能交通系统数据可以保持原有的意义，保持完整性和一致性。

为满足前面提到的安全需求，智能交通系统设计必须考虑所有可能的威胁并避免这些威胁。我们可以将威胁广泛地定义为可能导致系统出现问题的威胁、由于自然灾害产生的意外威胁或人为故意产生的威胁。以下是列举的关于智能交通系统中的主要威胁：

- 泄露是指未经授权的实体对敏感数据的截取。在智能交通系统环境中，数据被泄露的情况是可能会发生的，例如，当车辆彼此交换信息或车辆与基础设施交换信息时，智能交通系统中可能会产生能被利用的漏洞。
- 信息更改指添加、修改或删除系统信息从而产生并传输错误的信息。在智能交通系统中，这种威胁负面潜在的例子是将高速公路上显示的信息更改为不正确或不适当的内容。
- 地址伪装是指用户或进程未经授权而访问系统，却使得系统将访问误以为是真实有效的访问。如果未经授权的用户访问系统，则他们可以获取机密信息和得到更改系统的权限。在智能交通系统中，未经授权的用户访问能够改变高速公路上的数据，向系统用户发送错误信息，甚至中断系统的正常运行。
- 抵赖性是指否认一个行为。抵赖能够使发送器或接收器阻止动作的执行，通常发生在电子交易中。例如收费是自动支付的情况下，可能出现无法授权支付过路费的情况，这将导致用户无法继续通行。

- 服务阻断是指阻止对系统的访问或中断系统的正常运行。通常，服务阻断是由恶意代码的引入或执行未经授权的操作引起的。在智能交通系统环境中，服务阻断是至关重要的。例如，如果没有安全的方向探测系统，则会增加发生事故的可能性。

- 重复执行是指在无效环境下重复有效信息，从而对系统带来威胁，影响系统的完整性，特别是会威胁系统内信息的一致性。在智能交通系统环境下，非法人员可能会因此获取用户的身份和信用数据从而获益。

在识别上述威胁之后，则需要开发保护机制来保障系统的保密性、可用性和完整性。尽管单个工具或服务不能消除安全威胁，但是安全服务（如下所述）可以预防或减轻威胁。

- 访问控制服务根据实体在系统中提供的功能来为它们提供不同的权限。一般来说，访问控制服务在用户身份验证成功之后运行，因此该应用能够限制对系统信息的访问。此服务旨在减少信息泄露、信息更改和服务阻断。

- 身份验证服务由系统中的操作实体与身份识别方法组成。通常，身份识别本身也是系统的一种标识形式。

- 完整性服务能够对系统中信息的完整性进行分析，从而最小化对信息的不必要操作。

除了上述服务，还可以使用加密机制来掩饰智能交通系统应用程序传输的原始信息。

1.3 本章小结

在本章中，我们介绍了智能交通系统的概念。首先，介绍了智慧城市的概念及其与智能交通系统的关系；其次，讨论了智能交通系统的体系结构，介绍了主要的组件和每个结构的特性，并介绍了遇到的挑战。最后，确定了智能交通系统应用程序的主要功能和它们所需要满足的安全需求。

参 考 文 献

1. Alam M, Ferreira J, Fonseca J (2016) Introduction to intelligent transportation systems. Springer, Cham, pp 1–17
2. Transportation Association of Canada (2017) ITS architecture for Canada
3. CICAS (2017) Official website Cooperative Intersection Collision Avoidance Systems (CICAS) project
4. European Commission (2019) European commission mandate m/453 en
5. Cunha F, Villas L, Boukerche A, Maia G, Viana A, Mini RA, Loureiro AA (2016) Data communi-

cation in VANETs: protocols, applications and challenges. Ad Hoc Netw 44: 90 – 103
6. Dimitrakopoulos G, Demestichas P (2010) Intelligent transportation systems. IEEE Veh Technol Mag 5 (1): 77 – 84
7. European Telecommunications Standards Institute (2010) Intelligent Transport Systems (ITS) communications architecture
8. Gerla M, Kleinrock L (2011) Vehicular networks and the future of the mobile internet. Comput Netw 55 (2): 457 – 469
9. Gozalvez J, Sepulcre M, Bauza R (2012) IEEE 802.11p vehicle to infrastructure communications in urban environments. IEEE Commun Mag 50 (5): 176 – 183
10. He W, Yan G, Xu LD (2014) Developing vehicular data cloud services in the IoT environment. IEEE Trans Ind Inf 10 (2): 1587 – 1595
11. Hussain R, Son J, Eun H, Kim S, Oh H (2012) Rethinking vehicular communications: merging VANET with cloud computing. In: Proceedings of the 4th IEEE international conference on cloud computing technology and science proceedings, pp 606 – 609
12. Kumar S, Shi L, Ahmed N, Gil S, Katabi D, Rus D (2012) Carspeak: a content – centric network for autonomous driving. SIGCOMM Comput Commun Rev 42 (4): 259 – 270
13. Levy – Bencheton C, Darra E (2015) Cyber security and resilience of intelligent public transport: good practices and recommendations. European Union Agency for Network and Information Security
14. Meneguette RI (2016) A vehicular cloud – based framework for the intelligent transport management of big cities. Int J Distrib Sens Netw 12 (5): 8198597
15. Mutalik P, Nagaraj S, Vedavyas J, Biradar RV, Patil VGC (2016) A comparative study on AODV, DSR and DSDV routing protocols for Intelligent Transportation System (ITS) in metro cities for road traffic safety using VANET route traffic analysis (VRTA). In: Proceedings of the IEEE international conference on advances in electronics, communication and computer technology. IEEE, Piscataway, pp 383 – 386
16. Nam T, Aldama FA, Chourabi H, Mellouli S, Pardo TA, Gil – Garcia JR, Scholl HJ, Ojo A, Estevez E, Zheng L (2011) Smart cities and service integration. In: Proceedings of the 12th annual international digital government research conference: digital government innovation in challenging times, dg.o'11. ACM, New York, pp 333 – 334
17. Olariu S, Khalil I, Abuelela M (2011) Taking VANET to the clouds. Int J Pervasive Comput Commun 7 (1): 7 – 21
18. Pan G, Qi G, Zhang W, Li S, Wu Z, Yang L (2013) Trace analysis and mining for smart cities: issues, methods, and applications. IEEE Commun Mag 51 (6): 120 – 126
19. PATH (2017) Official website path
20. Qin H, Zhang W (2011) Charging scheduling with minimal waiting in a network of electric vehicles and charging stations. In: Proceedings of the eighth ACM international workshop on vehicular inter – networking, VANET '11. ACM, New York, pp 51 – 60
21. Steventon A, Wright S (eds) (2006) Intelligent spaces: the application of pervasive ICT. Computer communications and networks, vol XVIII

22. U. S. Department of Transportation (2017) Architecture reference for cooperative and intelligent transportation
23. Trullols O, Fiore M, Casetti C, Chiasserini C, Ordinas JB (2010) Planning roadside infrastructure for information dissemination in intelligent transportation systems. Comput Commun 33 (4): 432 – 442
24. VICS (2017) Official web site of vehicle information and communication system (VICS) Japan
25. Zhu J, Feng Y, Liu B (2013) Pass: parking – lot – assisted carpool over vehicular ad hoc networks. Int J Distrib Sens Netw 9 (1): 1 – 9

第 2 章

车 载 网 络

随着先进技术的应用，车辆的安全性与舒适性不断提高。车辆中应用的先进技术需要依靠复杂传感器和执行器来发挥作用，从而辅助驾驶员感知交通环境信息，并及时将车辆周围的交通状况反馈给驾驶员。此外，先进的通信技术还能够辅助车辆实现车辆与车辆之间、车辆与云平台之间的信息交互。本系统参考新兴的车载网络结构，以车辆为数据发射器和数据接收器，构建了车载网络系统。车载网络中的车辆具备信息处理和信息传输功能，能够在行驶过程中实现信息交互。同时，车辆感知到的交通环境信息能够辅助相关部门控制交通状况，改善城市的交通运行状态。本章将介绍智能网联汽车以及车载网络的概念和特点。

2.1 引言

信息和通信技术是推动汽车行业乃至整个社会创新的重要驱动力。20 年来，移动通信技术的发展使人们实现了随时随地交换信息，使我们的生活方式发生重大变革。各行业投入大量资源开发安全高效的车辆设备和道路基础设施，为车辆之间实现移动通信奠定基础。

融合各种先进技术的车辆系统能够改善驾驶员和乘客的乘车体验。以车辆避撞技术为例，车载传感器能够实时检测周围的车辆信息，当检测到可能发生碰撞时，及时警告驾驶员注意避撞，并自动执行相应的制动措施，避免发生交通事故。由上例可知，这些先进技术的应用依赖于复杂传感器和执行器的信息感知及信息处理功能，且通信技术也在车辆信息交互中发挥着重要作用。通过为各种先进技术的应用程序提供通信的必要条件，通信技术能够使用户实现信息交互。车载网络系统以车辆为数据发射器与接收器，构建了车载自组织网络。

车载网络是一种新兴技术，它依靠车辆及其嵌入式智能设备发挥相应的功能。车辆所具有的动态性是其本身的特点，也为车载网络技术的发展带来挑战。车辆之间可以通过各项网络技术进行数据传播和异构连接。车载网络在许多方面与传统网络不同。从网络节点的性质来看，具备无线通信接口的车辆（如汽车、货车、公共汽车、出租车等）和道路基础设施都可成为车载网络的节点。此外，这些节点通常具有较高的机动性，并且它们的移动轨迹受到路径的限制，需要遵从实际道路的方向。

在车载网络大规模应用之前，还有许多问题需要解决。此外，数据传输过程中连接性的中断以及节点保持联系时间的降低等问题也亟待解决。因此，为了促进车载网络的服务和应用顺利发展，不仅需要考虑每个应用的需求，还需要考虑车载网络的条件和特点。

一些相关技术可以辅助车辆之间建立连接，并支持交通基础设施为车载网络提供信息和服务。例如，车载网络与资源管理等技术相结合，可以优化车辆和人员的出行机动性。此外，多种技术的融合可以提供一些新的服务，如危险道路状况检测功能、路线诱导功能等，可以使交通出行更加安全可靠。智能交通系统支持上述的各项服务，其目的是优化道路上的车辆流量，提高驾驶员和乘客的乘车舒适性。本章重点介绍智能汽车的基本内容，以及车载网络的广泛定义、特征和涉及技术。各部分内容安排如下：第 2.2 节介绍智能汽车并给出其定义；第 2.3 节介绍车载网络的概念和特征；2.4 节对本章进行简要总结。

2.2 智能汽车

几十年来，汽车行业中诞生的先进技术层出不穷，这为人们带来了更安全、更舒适的驾乘体验。这些现代化的智能车辆配备了一系列传感器、若干网络接口和一个中央处理器，传递并执行应用程序发送的命令。通过无线通信设备或无线收发机实现信息交互，使车辆与车载网络中的其他元件之间建立通信并传输信息。车载网络中的车辆还配备了全球定位系统，该系统可以确定车辆的位置；提供导航服务的车辆，其内部和外部载有不同类型的传感器，可以测量与车辆行驶状态和周围交通环境相关的参数，例如车辆速度、加速度以及车辆和附近障碍物的距离，而且车辆上还配备有输入和输出设备，可以保障快速、直观的人机交互。

上述连接、感知和通信功能提高了车辆控制的精确性，并为智能车辆监测、感知交通环境状态以及其他车辆行驶状态提供了保障。自动驾驶汽车可以较好地展现出上述功能。图 2.1 所示为现代车载网络架构设计，通过车辆内部传感器与嵌入式设备之间的互联，展示了智能车辆的复杂性。

CAN 是由博世公司开发的一种国际标准化的串行通信协议，称为"控制器局域网（Controller Area Network，CAN）"。CAN 是一种良好的车用总线，能够使微控制器和设备在没有主处理器的情况下相互通信。该总线最初用于车内的多路布线。

CAN 的数据传输速率高达 1Mbit/s，并且具备检错能力。车辆可以包含 2 个或 3 个独立的 CAN，以不同的传输速率工作，从而根据特定的组件特征调整不同的传输速率。以与舒适性相关的电子设备为例，控制窗户移动和座椅调节的电子设备，可以以低于 125kbit/s 的速率工作。这些控制应用程序不需要设备快速响应，通常使用较低的传输速率来减少车辆电池寿命的损耗。但是像防抱死制动和巡航控制这

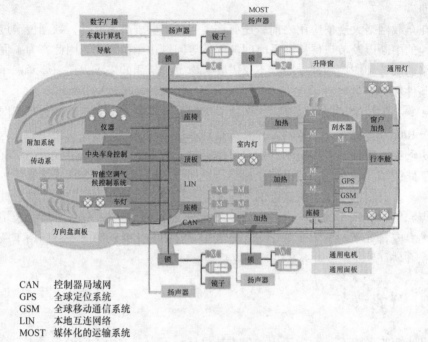

CAN	控制器局域网
GPS	全球定位系统
GSM	全球移动通信系统
LIN	本地互连网络
MOST	媒体化的运输系统

图 2.1 现代车载网络架构设计

些需要快速响应的操作程序需要具有更快的通信速率。2011 年，CAN 总线的新版本发布，可以通过每帧高于 8 字节的有效负载，使其组件更具灵活性。这种有效负载能够使其进行指定的操作模式，例如在编程结束时下载软件。

车辆的另一个内嵌组件是由 LIN 联盟开发的本地互联网络（LIN）总线。LIN 联盟由宝马、大众汽车集团、奥迪集团、沃尔沃汽车和梅赛德斯－奔驰五大汽车制造商共同创立，并由火山汽车集团和摩托罗拉公司提供网络和硬件专业开发的技术支持作为一种低成本、速率慢的网络系统，LIN 总线可作为 CAN 总线的子网，用于集成智能传感器或执行器。

FlexRay 是由 FlexRay 联盟开发的一种著名的汽车通信系统。该联盟由宝马、戴姆勒公司、摩托罗拉、飞利浦、博世、通用汽车和大众汽车组成。FlexRay 有两个传输信道，每个信道的最大数据传输率达到 10Mbit/s。该系统具备多个发动机控制单元（Engine Control Unit，ECU），但每次只能进行一次通信；这意味着协议有一个发射器 ECU 和一个接收器 ECU，可通过总线相互通信。

这些总线和传感器能够收集与车辆状态相关的各种信息，进而感知和监测车辆的机动性。为了提取车辆状态数据，通过车载诊断（OBD）的输出接口从车辆内嵌传感器中提取信息。现已建立 OBD-Ⅱ标准，使接口的连接方式及所需处理的信息格式标准化。OBD-Ⅱ的出现实现了对汽车尾气排放的监测和控制，自 1996 年以来，欧洲和美国生产的所有车辆均采用了 OBD-Ⅱ标准。OBD 接口还能够检测车辆机械故障的来源,并存储故障码,为车辆修理人员提供车辆故障历史记录,指出问题产生的可能来源,从而显著提高车辆维护效率。

随着传感器融合技术、车车通信技术的发展,这些先进技术逐渐应用于更多的交通场景中。例如,监测城市机动性以及改善驾驶员的舒适性等。上述应用都需要高效的连接系统提供支撑。

在接下来的部分中,我们将介绍车载网络的相关内容。

2.3 车载网络

从定义的角度来看,车载网络(VANET)是一种特殊的移动自组织网络(MANET),它为车车通信、车路通信之间的无线连接提供了保障。VANET 让我们看到了网络在车辆领域应用的可行性,为此受到了学术界的广泛关注。这一领域的研究成果主要体现在两个方面:①车辆之间的通信和合作交互可以降低车辆发生交通事故的概率;②一些相关应用可以用来提高乘客在私家车、公共汽车和火车上的出行舒适性,并帮助驾驶员更高效地驾驶交通工具。

在 VANET 中,车辆与车辆之间通过短程无线电相互通信,车辆与道路基础设施之间通过短程无线电或其他的无线技术(如 WiMax、3G 和 LTE)实现通信。移动通信技术的进步和自组织网络的发展使得在城市、农村和高速公路环境中构建车载网络架构以支持现有的应用程序成为现实。VANET 的目标是实现车辆与车辆之间、车辆与基础设施之间的通信,有可能会出现三种场景,如图 2.2 所示。

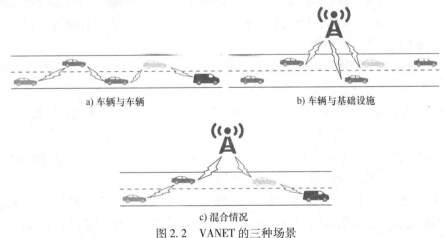

图 2.2 VANET 的三种场景

- 车辆与车辆(V2V)架构可以实现车辆之间的直接通信。
- 车辆与基础设施(V2I)架构可以实现车辆与道路基础设施之间的通信。
- 混合架构结合了 V2V 和 V2I 方案,在这种情况下,车辆可以在一个单跳或多个单跳中与道路基础设施通信。其中,单跳数量取决于车辆相对于基础设施连接点的位置。

在 VANET 中，车辆可以作为数据传输源或目的地的网络节点，也可以作为网络路由器。VANET 和 MANET 有一些相似的特性，例如低带宽、短距离传输和全向广播。此外，VANET 还有一些独特的特性，如下所述。

2.3.1　VANET 的特性

VANET 的应用及服务的开发利用了无线网络的专有技术或改进技术，这种网络不同于传统的无线网络，不仅要承担快速变化的连接，还必须处理各种类型的网络密度。

以下是 VANET 的特性以及它们与传统无线网络的异同：

- 自组织：此功能继承自无线网络，车载网络是一种特殊的无线网络；它使车辆可以自组织。

- 机动性：车载网络中的节点可能会呈现出大幅的移动速度变化，与其他无线网络相比，车载网络节点在多数情况下具有较高的移动速度，例如，汽车在高速路上快速行驶。然而，节点的运行轨迹是受限的；例如，车辆的运行轨迹局限于公共道路和高速公路等地，车载网络节点只能在汽车可以行驶的地方移动。这点与传统的有线网络不同，传统网络中节点的移动不受地理因素限制，可以到达任何地方，即在传统网络中，节点运行轨迹是不受限制的。

- 传输速度：VANET 中的传输速度很快。车辆在运行中可能达到高速状态，而且运行速度可能会随时变化，有时车辆之间可能为反向行驶，这就需要把数据传输的时间大大缩减。由于节点的机动性，VANET 会面临连接中断的问题，并且也需要处理不同类型网络密度。

- 拓扑结构：尽管车辆只能在已有道路上行驶，但它们相对较高的机动性导致拓扑结构快速变化，这为管理带来很大挑战。

- 能源：无线网络中的节点功率是有限的。由于没有充足的能源供给，例如，智能手机、笔记本计算机或传感器这类的移动设备，它们在运行时完全依赖自身有限容量的电池，因此它们的计算能力受到很大限制。而 VANET 可以依靠相对充足的汽车电源，为其大功率运算功能提供保障。

- 带宽：节点的配置须满足多个无线设备的连接需求，实现对多种网络的访问，同时还保障了在强大的通信策略下（例如垂直切换）处理连接丢失和提升带宽的能力。

- 网络断裂：网络断裂一般是由于通信半径扩大或车辆高速移动所导致。此外，当车辆密度较低时，VANET 的断开会更加频繁。

VANET 与传统无线网络的对比见表 2.1，主要区别在于网络节点的机动性、数据传输速度、拓扑结构动态性以及网络断裂状态。

表 2.1 VANET 与传统无线网络的对比

特性	VANET	传统无线网络
自动配置	是	是
机动性	高速、有限制	速度相对较低、无限制
传输速度	高速、不同密度	速度相对较低、不同密度
拓扑结构	高动态	动态
能源	恒压	依赖电池
宽带	受限	受限
网络断裂	频繁	随机

2.3.2 VANET 的应用

开发 VANET 是为了提高驾驶安全性，从目前来看，其应用并不局限于此。VANET 的应用可分为两种，具体如下所示：

- 安全性：VANET 可通过向驾驶员提供交通事故信息来提升行驶安全性。例如，VANET 能够向驾驶员报告前方路段刚刚发生的交通事故，使驾驶员有充足的时间采取应对措施。实时的事故报告信息也可以与政府交通部门共享，使其能迅速反应，采取相应的交通管制措施。
- 非安全性：以提升乘客出行舒适度、交通效率和优化车辆行驶路径为主。例如，交通信息系统可以协助控制交通流，还可以向乘客提供在线娱乐或社交服务。

第 7 章将对车辆应用程序各方面的特点及其面临的问题有更详细的描述。

2.3.3 技术需求

本节从物理层到传输层，对 VANET 开发过程中涉及的主要技术进行了总结。

2.3.3.1 物理层面

1999 年，美国联邦通信委员会（Federal Communications Commission，FCC）为车辆通信开通了专用频率，并在 2003 年制定了专用短程通信（Dedicated Short Range Communication，DSRC）服务和许可规则。DSRC 是一种通信服务，采用 5.85~5.925GHz 频段的 75MHz 频谱，它主要为距离为 1km 内的车辆提供无线通信能力。DSRC 允许两种操作模式：

- 点对点模式（Ad Hoc mode）：是一种多跳的自组织无线网络，通常用于车辆之间的通信中。
- 基础设施模式（Infrastructure mode）：是一种集中式单跳网络，通常用于车辆和网关之间的通信。

DSRC 频谱由 7 个 10MHz 的信道构成，如图 2.3 所示。信道 178 是控制信道（Control Channel，CCH），仅用于安全通信，只有高优先级信息和管理数据通过该通道传递。两个终端信道保留用于特定用途。其他信道是服务信道（SCH），用于安全性和非安全性服务通信。

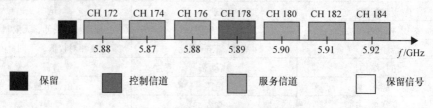

图 2.3　车载通信的 DSRC 频谱分配

FCC 在 5.85~5.925GHz 频段内分配 75MHz 频谱专门用于 V2V 或 V2I 通信，而欧洲监管机构也为车辆通信分配了 50MHz 频谱，并将其分成 10MHz 带宽的信道。因此 ETSI ITS-G5 有 5 个不同的信道，如图 2.4 所示。欧洲监管机构为道路安全预留了 3 个信道（30MHz），为通用 ITS 服务预留了 2 个信道（20MHz）。

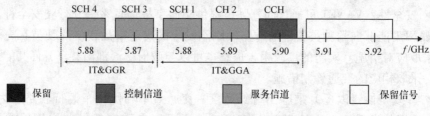

图 2.4　车载通信的 ETSI ITS-G5 频谱分配

2004 年，美国电气和电子工程师协会（IEEE）定义了名为 IEEE 802.11p WAVE（Wireless Access in Vehicular Environments）的无线网络通信标准。该标准是基于无线 LAN 的预设标准设定的，并在 IEEE 1609.1、IEEE 1609.2、IEEE 1609.3、IEEE 1609.4 和 IEEE 802.11p（IEEE，2011）协议中进行了定义。IEEE 802.11p 标准定义了车载网络的物理层和媒体访问控制层（MAC）。而 WAVE 协议栈指定了一系列不限于 MAC 和物理层的模式，如图 2.5 所示。IEEE 1609 系列标准定义了协议栈的其他内容，包括 IP 层的替代网络层，DSRC 应用安全功能以及 IP 层通信多信道操作。

IEEE 1609.1 标准为 WAVE 协议栈的资源管理应用程序指定了服务和接口。此模式从 VANET 同步 OBU 和 RSU，保持对资源（如内存）使用情况的管理。这种管理方式能够更好地调度 VANET 的任务和性能。

IEEE 1609.2 定义了安全信息的格式和处理方式，并指明何时以及如何处理安全信息。安全性方面，主要依靠颁发和撤销安全证书以及使用其他传统的安全工具进行保障。例如，这些工具涉及公钥基础设施（Public Key Infrastructure，PKI）的使用，它也是由该标准定义的。此外，IEEE 1609.2 中还有一种特殊的 OBU——公共安全 OBU（PSOBU），它适用于高优先级的政府车辆，如警车和消防车。

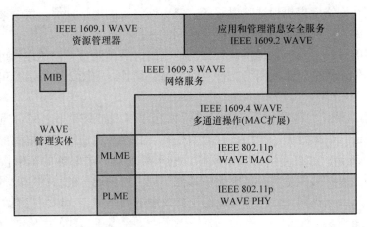

图 2.5　IEEE 1609（WAVE）参考体系结构及其与 IEEE 802.11p MAC 和物理层的关系

IEEE 1609.3 通过定义在逻辑链路层（Logical-link Layer，LLC）上使用的堆栈，指定包括寻址和路由在内的网络和传输层服务。LLC 可以选择使用 WMP 短消息协议（WSMP）或 TCP/IP 或 UDP/IP 堆栈。此外，该标准定义了 WAVE 堆栈的管理信息库（Management Information Base，MIB）。该标准还负责通过管理计划建立和维护体系。该标准定义的实体（WME-WAVE 管理实体）负责从其他层收集管理实体的信息，如 ML 层管理实体（MLME）和物理层管理实体（PLME）。WME 实现了一系列服务，如应用程序注册、WAVE 基本服务集（WBSS）管理、信道使用监控和管理数据库维护。除了 IPv6 和传输层（TCP 和 UDP）之外，IEEE 1609.3 通过定义 WSMP 提供了使用这些层的替代方案。使用新协议的原因在于 WAVE 环境中大多数应用程序都需要极低的延迟，而新协议在 WAVE 环境中能提供更高的效率。

IEEE 1609.4 标准定义了对 IEEE 802.11 多信道操作标准的修改。为了实现这一操作，该标准制定了信道间的切换方式，根据数据包的分类来判断它们是切换到控制信道还是服务信道。IEEE 1609.4 标准还指定了数据包的接收转发优先级、信道之间时间划分的定义以及所有网络设备中信道各自时间的同步。

2.3.3.2　网络层

网络层负责寻址（命名网络元素）、路由（查找最佳路径）和在源和目的地之间传输数据（网络中的循环数据包）。寻址需要正确命名的网络要素，路由需要找到有用的通信路径，传输数据需要在网络中有效地循环数据包。在无线网络中可以使用多种技术来定位网络中的节点，其中最相关的网络策略如下：

- 固定地址：每个节点都有一个固定地址，该地址在节点进入网络时由某种机制分配。大多数自组网和现有协议的应用都使用此类寻址技术。
- 地理寻址：每个节点都以其地理位置为特征。节点每次移动，地址都会发生变化。可以利用节点其他属性寻找节点位置，如速度、方向和汽车类型。

网络层在网络上提供地址映射服务,避免网络中的地址冲突。每个节点的地址必须是唯一的,任何两个节点都不能有相同的地址。

网络层的另一个功能是提供源和目的地之间的最佳路由,以便在尽可能短的时间内完整地传递数据。车载网络支持不同的通信场景,如图2.6所示,可分为以下几类:

- 单播通信:允许两个节点之间进行相互通信,如两辆车之间可通过使用多跳通信传播进行数据传递。采用该种通信模式,必须知道通信车辆之间的位置。
- 广播通信:允许车辆与其所有临近的车辆通信。当邻近的车辆接收到信息后,它们还会再将其传给与自己临近的其他车辆。这种通信的目的一般是为了传递某种特定信息。该机制广泛用于寻找路由协议中的网络节点,以便找到源和目的地之间的最佳路径。
- 多播通信:允许源同时与一组节点通信,这些节点可能位于特定区域也可能不在特定区域。举个例子,想要共享其数据的车辆被划分在一个组中,该组车辆基本上位于发送方车辆感兴趣的区域,例如体育赛事区域或者危险区域附近。

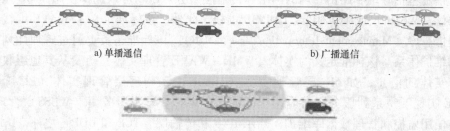

图2.6 VANET中的不同通信场景

车载网络中的路由协议可以以多种方式分类。这些协议在第4章(V2I通信)和第5章(V2V通信)中均有描述。

2.3.3.3 传输层

尽管固定网络TCP可以实现良好的吞吐量,但其在无线网络中的性能表现不佳。这是由TCP对数据包丢失的解释导致的,丢包预示着网络拥塞。不过,在无线网络中,丢包也可能是由于其他原因引起的,例如信道条件或冲突。丢包后,TCP会减小拥塞窗口并降低吞吐量。此外,由于VANET自身特点导致路径对称性也很难得到保证。对往返时间的错误估计会导致不必要的重新传输,使TCP性能进一步降低。

一项研究对UDP和TCP在VANET中的性能差异进行了检测,该检测在两种真实场景中进行,分别为80号(I-80)和5号(I-5)州际公路与加州萨克拉门托的郊区。研究表明,TCP吞吐量在高速公路上有所下降。但它比UDP更有效,因为TCP源节点可以比UDP源节点更快地检测到断开连接,并停止向中间节点传输数据。在 TCP 发送过程中,发送方发送部分数据并等待接收方响应,之后再向中间节点发送其他数据。但是 UDP 不管接收方是否在接收数据,都会持续向中间节点发送。这种方式导致发送方会在一段时间内浪费中间节点的带宽。

表 2.2 总结了 TCP 和 UDP 的性能,可以看出,这些协议受节点的高移动性和它们之间的长距离的影响。开发新的传输协议或更改现有协议都会有利于车载网络。

另一项试验研究了与车载网络传输协议相关的特征路径。他们开发了一种车辆运输协议(Vehicle Transport Protocol,VTP),该协议可以观察网络,并借助统计数据提高断开连接时的性能。移动控制传输协议(Mobile Control Transport Protocol,MCTP)是基于类似于 Ad Hoc 原理提出的,它能通过位于路基上的网关,保障车辆和 Internet 主机之间端到端的服务质量。

表 2.2 运输协议评估结果

研究者	节点数量	媒体访问控制层	协议种类	车速	距离	吞吐量
Chuang 等人	4	802.11b	TCP	40km/h	未获取	约 800kbit/s
Watanabe 等人	3	802.11b	UDP	8~113km/h	<145m	500~2300kbit/s
Hui 与 Mohapatra	3	802.11g	UDP	<5km/h	未获取	1~5Mbit/s

车载网络的所有传输协议的提出都是为了满足需要单播路由应用的需求,而许多应用程序需要地理广播或多播路由,因此需要摆脱传统传输协议寻求新方法。

2.4 本章小结

本章介绍了智能车辆和车载网络的概念,描述了车辆内的主要组件,以及车载网络所涉及的特性和技术。VANET 的主要特性也反映了它们所需要缓解的主要问题:节点快速移动、数据高速传输、网络频繁中断以及拓扑结构动态变化快速。这大大阻碍了网络应用程序的开发和应用,特别是当应用程序有时空上的同步要求时。

参考文献

1. Bechler M, Jaap S, Wolf L (2005) An optimized TCP for internet access of vehicular ad hoc networks. Springer, Berlin, pp 869–880
2. Boukerche A, Oliveira HA, Nakamura EF, Loureiro AA (2008) Vehicular ad hoc networks: a new challenge for localization-based systems. Comput Commun 31 (12): 2838–2849
3. Chaqfeh M, Lakas A, Jawhar I (2014) A survey on data dissemination in vehicular ad hoc networks. Veh Commun 1 (4): 214–225
4. Chen W, Guha RK, Kwon TJ, Lee J, Hsu YY (2011) A survey and challenges in routing and data dissemination in vehicular ad hoc networks. Wirel Commun Mob Comput 11 (7): 787–795

5. Federal Communications Commission (2017) Dedicated short range communications (DSRC) service
6. FlexRay Consortium (2005) Flexray communications system – protocol specification version 2 (1): 198–207
7. de Souza AM, Brennand CA, Yokoyama RS, Donato EA, Madeira ER, Villas LA (2017) Traffic management systems: a classification, review, challenges, and future perspectives. Int J Distrib Sens Netw 13 (4): 1550147716683, 612
8. ETSI (2016) Etsi en 302 571
9. Faezipour M, Nourani M, Saeed A, Addepalli S (2012) Progress and challenges in intelligent vehicle area networks. Commun ACM 55 (2): 90–100
10. Giang AT, Busson A, Lambert A, Gruyer D (2016) Spatial capacity of IEEE 802.11 p – based VANET: models, simulations, and experimentations. IEEE Trans Veh Technol 65 (8): 6454–6467
11. Grafling S, Mahonen P, Riihijarvi J (2010) Performance evaluation of IEEE 1609 wave and IEEE 802.11p for vehicular communications. In: Proceedings of the second international conference on ubiquitous and future networks (ICUFN), pp 344–348
12. Hammad AA, Badawy GH, Todd TD, Sayegh AA, Zhao D (2010) Traffic scheduling for energy sustainable vehicular infrastructure. In: Proceedings of the IEEE global telecommunications conference GLOBECOM, pp 1–6
13. Hartenstein H, Laberteaux LP (2008) A tutorial survey on vehicular ad hoc networks. IEEE Commun Mag 46 (6): 164–171
14. Hui F, Mohapatra P (2005) Experimental characterization of multi – hop communications in vehicular ad hoc network. In: Proceedings of the 2nd ACM international workshop on vehicularad hoc networks, VANET '05. ACM, New York, pp 85–86
15. Jarupan B, Ekici E (2011) A survey of cross – layer design for VANETS. Ad Hoc Netw 9 (5): 966–983
16. Kaur N, Singh A (2015) Article: a survey on data dissemination protocols used in VANETS. Int J Comput Appl 120 (23): 43–50
17. Khekare GS, Sakhare AV (2012) Intelligent traffic system for VANET: a survey. Int J Adv Comput Res 2: 99–102
18. Leen G, Heffernan D (2002) Expanding automotive electronic systems. Computer 35 (1): 88–93
19. Liu J, Singh S (2001) ATCP: TCP for mobile ad hoc networks. IEEE J Sel Areas Commun 19 (7): 1300–1315
20. Liu Yj, Yao Y, Liu Cx, Chu Lt, Liu X (2012) A remote on – line diagnostic system for vehicles by integrating OBD, GPS and 3G techniques. Springer, Berlin, pp 607–614
21. Meneguette RI (2016) A vehicular cloud – based framework for the intelligent transport management of big cities. Int J Distrib Sens Netw 12 (5): 8198597
22. Meneguette RI, Boukerche A (2017) Servites: an efficient search and allocation resource protocol based on v2v communication for vehicular cloud. Comput Netw 123: 104–118
23. Meneguette RI, Bittencourt LF, Madeira ERM (2013) A seamless flow mobility management archi-

tecture for vehicular communication networks. J Commun Netw 15 (2): 207 – 216
24. Mohapatra P, Krishnamurthy S (2004) AD HOC NETWORKS: technologies and protocols. Springer, Berlin
25. Nandan A, Das S, Pau G, Gerla M, Sanadidi MY (2005) Co – operative downloading in vehicular ad – hoc wireless networks. In: Proceedings of the second annual conference on wireless ondemand network systems and services, pp 32 – 41
26. Ruff M (2003) Evolution of local interconnect network (LIN) solutions. In: Proceedings of the IEEE 58th vehicular technology conference, vol 5, pp 3382 – 3389
27. Schmitz R, Leiggener A, Festag A, Eggert L, Effelsberg W (2006) Analysis of path characteristics and transport protocol design in vehicular ad hoc networks. In: Proceedings of the IEEE 63rd vehicular technology conference, vol 2, pp 528 – 532
28. Sichitiu ML, Kihl M (2008) Inter – vehicle communication systems: a survey. IEEE Commun Surv Tutorials 10 (2): 88 – 105
29. CAN Specification (1991) Bosch. Robert Bosch GmbH, Postfach 50
30. Wang Y, Li F (2009) Vehicular ad hoc networks. In: Misra S, Woungang I, Misra SC (eds) Guide to wireless ad hoc networks, chap 20. Springer, London, pp 503 – 525
31. Yousefi S, Altman E, El – Azouzi R (2007) Study of connectivity in vehicular ad hoc networks. In: Proceedings of the 5th international symposium on modeling and optimization in mobile, ad hoc and wireless networks and workshops, pp 1 – 6

第 3 章
自动驾驶汽车

自动驾驶汽车应用了大量的先进技术，可以实现车辆的无人操控，并能提高驾驶员和乘客的驾乘体验。总体来说，日益精密的传感器和控制器被应用在自动驾驶汽车上的各种系统上，使得车辆可以检测环境中的事件，并通过嵌入式系统进行出行路线预测和选择，并最终实现导航决策。自动驾驶汽车的应用引起了政府、社会和业界对其安全性问题的关注，人们担心车上系统的一些小故障会造成严重的交通事故，甚至威胁到人的生命安全。因此，设计自动驾驶汽车时需要极其重视驱动系统安全性和可靠性的设计工作。为此，汽车行业开始大量应用嵌入式电子系统，以提高车辆的安全性、舒适性和可靠性。

3.1 引言

自动驾驶汽车（自主汽车或汽车机器人）是指一类配备有计算机控制系统的用来运送旅客或货物的车辆。该控制系统集成了一系列的传感器和控制器，能根据用户设置的任务，自动实现在城市道路、公路和其他路面上的安全导航。导航过程分为多个自动化步骤，包括从环境中获取数据、确定车辆位置、避免与环境中的其他元素碰撞，并根据计划任务执行最佳行动方案。

自动驾驶汽车起源于智能交通系统（Intelligent Transportation System，ITS）和移动机器人。与其他类型的自动驾驶载运工具不同，自动驾驶汽车需要满足以下基本要求：专门为客运和货运而设计，能够实现大规模的导航；在规定时间内感知、处理和响应环境中的动态和静态事件过程中，具有与人类驾驶员相当或优于人类驾驶员的能力。

自动驾驶汽车要求车辆具有较高的可靠性、冗余性和安全性。为实现上述目的，最初的自动驾驶汽车是在传统车辆的基础上添加了传感器、控制器和控制系统而成。

除了在危险条件下为驾驶员提供更高的安全性外，自动驾驶汽车还可实现辅助驾驶功能。该项辅助功能可自动完成一个或多个任务，例如跟随车道、保持正确车道、保持与其他车辆的安全距离、根据交通状况和道路特征自动调节车速、安全通过及避障、确定到达目的地的最短和最安全路线、在城市中挪车和泊车等。

汽车行业投入巨资研发嵌入式电子系统,以提高车辆的安全性、舒适性、稳定性和行驶性能。近几十年来,技术人员已经研发出了多个电子辅助驾驶系统解决方案,例如防抱死制动系统(Antilock Braking System,ABS)和车身电子稳定程序(Electronic Stability Program,ESP)。当车辆处于极端情况时,这些系统会自动运行,以减少事故的发生。例如梅赛德斯公司最近发布一款名为 S500 Intelligent Drive 的智能车,该车在自动驾驶功能演示中成功地应对了包括环形交叉口、交通拥堵、交通信号和行人等因素在内的复杂环境,并安全行驶 100km 的距离。这款车安装了一套由摄像头、雷达和地理定位组成的系统,能够对各种障碍物做出快速响应。

自动驾驶汽车具有诸多优势,例如更好的移动性以及更高的安全性、舒适性和燃油经济性。另外,多用户共享车辆使用权的做法是非常有益的,因为这是一种更加可持续的交通方式。因此,在考虑汽车的工业设计时,需要紧密围绕城市居民出行,以提高人们的生活品质。

本章介绍了自动驾驶汽车的结构以及组成部件,描述了每个部件的主要功能。本章其余部分的安排如下:第 3.2 节描述了自动驾驶汽车所涉及的技术;第 3.3 节介绍了实现自动驾驶所需的主要部件;最后,第 3.6 节简要总结了本章内容。

3.2 智能车辆

自动驾驶汽车集成了多个传感器和控制器,可以进行判断和决策。因此,这类车辆在利用各种设备和技术提取信息和处理数据的过程中面临着巨大的挑战。根据 Broggi 在文献 [5] 中所述,智能汽车需要获取以下数据:

- 车辆位置、运动学和动力学状态。
- 车辆周边环境状态。
- 数字地图和卫星数据。
- 驾驶员和乘客的状态。
- 与路侧设备和其他车辆进行通信。

线控驱动技术(Drive by Wire)可以很好地满足上述要求。这一技术的出现开创了交通运输领域的新时代。该技术使得车载嵌入式计算机可以像驾驶员那样利用电信号来驾驶车辆,计算机可以在紧急情况下自动驾驶或辅助泊车。

使用线控驱动技术的智能汽车还安装有具有多级控制功能的控制单元,该控制单元由一系列嵌入式机电系统组成,包括嵌入式机电元件控制器和驾驶员计算机辅助系统。

机电系统和驾驶员辅助系统都通过专用传感器来获取车辆内部和外部的信息,

并利用收集到的信息和相关控制系统识别车辆的状态和周围环境条件。此外，通信系统将车辆的控制功能集成为一个整体，从而实现车辆与远程监控中心以及车与车之间的信息交换。举例来说，这种控制体系可实现在可控环境中的自动化运输。借助于通信系统，车辆可以获得各种交通数据，从而优化交通运行状况。

驾驶员与自动驾驶汽车间的人机界面也是自动驾驶汽车的另一个研究方向。借助线控驱动技术，电控车辆可实现电控自动导航，因此不再需要传统的方向盘和踏板。

3.2.1 嵌入式机电系统

嵌入式机电系统由安装于车辆上的机电部件组成，能够在车辆运行中实现特定的功能。目前，车辆嵌入式机电系统发展的重点是燃油喷射系统、制动系统和转向柱定位系统。上述每个子系统由一个电子单元控制，并且每个电子单元通过网络与其他子系统保持通信。在汽车领域，控制器局域网（Controller Area Network，CAN）已被广泛应用于各种应用程序的通信上。

控制器局域网包含一个同步串行通信协议，该协议支持车上多个传感器与嵌入式系统进行通信。控制器局域网以多主体方式运行，即任何系统都可以在某一时刻成为主系统，而在另一时刻又成为从系统。通信信息在这些系统之间以多播方式进行通信，其特点是所有信息都向当前网络中运行的所有系统发送。

3.2.2 传感技术

当需要感知车辆内部和外部的环境时，通常需要三组基本传感器：①路线识别传感器；②物体和障碍物识别传感器；③导航传感器。这三组传感器可以使车辆通过识别路面标线实现路线跟踪。目前，标线识别可通过如下传感技术实现：

- 电磁感应。电磁感应依靠铺设在车道沥青路面下的电缆实现，即通过电缆中电流产生的磁场来感知车辆的存在。
- 激光感应。激光感应依靠激光在附着于道路上的偏振反射带中的反射进行工作。
- 应答器。应答器分光磁和电子两种类型，安置在车道上，工作原理与射频识别系统（RFID）相同。
- 计算机视觉。车道边缘通常涂有标线漆用来引导驾驶员，该技术可以利用计算机来视觉识别道路的边缘。

激光雷达、超声波、微波雷达和立体视觉等传感器可以检测各种不同的障碍物，这些障碍会阻止车辆停止或改变行驶方向；此类传感技术的应用使得驾驶员能够避免车辆发生碰撞，而车辆碰撞是造成人员伤亡交通事故的主要原因。发展自动驾驶技术是对社会的一项重大贡献，因为该技术可以减少道路交通事故，从而减少伤亡人数。导航传感器，如 GPS、陀螺仪、加速度测量仪和车轮速度传感器等，保证了机电系统推断给定驾驶环境的能力。控制系统的层次结构可以使车辆以安全、可控的方式行驶，从而确保其动态稳定性并按照预定轨迹运行。

3.3 控制方式

智能汽车的自动导航功能要求所有嵌入式计算机和机电系统能够联合工作，所有这些部件形成了一个复杂的具有多种控制水平的车辆自动驾驶系统。

车辆自动驾驶系统由多个机电控制系统组成，其中许多系统对驾驶员是透明的，例如电子喷射控制、自动变速器、电子辅助转向系统等。

驾驶车辆的任务位于整个车辆层次控制架构的中部，这个任务目前是依靠驾驶员来执行的，但也可以完全自动化。在配置较高的（High – value – added）汽车中，定速巡航控制（Cruise Control，CC）系统使得驾驶员无须时刻控制恒定的车速。随着该系统向自适应巡航控制（Adaptive Cruise Control，ACC）系统的发展，车辆尾部安装有距离传感器，车载计算机还可以根据交通状况自动调整车速。

车辆层次控制架构的顶部包含了嵌入式计算机解决方案，其中基于数字地图的路线优化系统已经得到了稳步的发展，目前在给定出发点和目的地后，系统可以自动决策车辆行程的最佳路线。如果初始路线上有任何障碍物，整个路线将会进行动态调整。进一步地，现有的基于运筹学和人工智能（AI）设计的路线优化系统，可以动态地显示经过重新计算的路线。车辆借助传感器可以检测固定或移动的障碍物并根据障碍物的情况连续地调整路线。

根据各控制系统在车辆层次控制架构中所处的位置，可以将其分为更接近基础的机电一体化解决方案和驾驶员支持系统两种类型。两种类型的控制系统呈互补关系，因此两种类型之间没有明确的界限。

3.3.1 控制系统架构

自动驾驶汽车控制系统呈金字塔形，首先需要进行底层的设计和实现。接着便是计算机系统的实现，该系统管理各种组件和模块。计算机控制系统可以完成一些例如可编程逻辑控制器（Programmable Logic Controller，PLC）可以胜任的简单任务，然而用于执行更复杂任务的系统则需要更复杂的计算控制系统。此控制系统能够实现以下几种功能：

- 读取和解释从车辆传感器接收到的信号。
- 避开车辆行驶路径上存在的障碍物。

- 对事件做出反应，包括意外事件，如突然出现的移动障碍物。
- 规划路线和执行任务，例如在不参考周边地图的情况下确定从 A 点到 B 点的路线。
- 管理系统的各个组件，以正确的顺序和参数生成命令，用以执行计划任务。
- 确保车辆被正确定位。
- 能够对周边已探索过的路径形成"记忆"，并据此绘制草图。
- 了解周围环境以及如何与之交互，在获得新知识后能够对此进行调整。
- 与其他计算设备进行通信、交互甚至合作。
- 在识别和修正车辆部件的局部缺陷时，提供实现故障检测和容错的策略。

计算控制系统必须执行这样的任务：保持车辆各部分的协调，保持在车辆运行环境中的各对象和实体的协调，以及确认任务执行的方案。在某些情况下，计算控制系统还需要与其他系统交互以便更好地执行规划任务，这些控制系统的特点促使我们研究人工智能领域的相关技术，例如自主人工智能体和多主体系统的控制技术。一些自动机器人相关的技术和概念在人工智能体技术中被多次使用，反之亦然。本章讨论的主要方面涉及感知、推理和操作，其中通信起着补充的作用。

自动驾驶汽车计算控制架构具有多样性，文献［10，15］通过分析大量控制方案来说明这种多样性。一些方案由于其特殊性和潜力而受到学者们的广泛关注，主要包括：

- 反应控制方案。由一个感觉运动反应系统组成。因为不需要很多计算资源，这种类型的控制通常是最容易实现的。在反应控制中，有一个回路用于读取传感器、立即处理信息，以及生成对执行器的响应命令。反应控制方案通常只考虑当前为决策和生成操作命令而收集的传感器读数。反应系统对于实施行为非常有用，例如避免碰撞。
- 认知控制方案。该方案主要应用了行动计划机制，因此，可以根据系统对要解决问题所具有的知识，建立由一系列操作顺序组成的执行计划。认知控制假定存在一个高水平推理和决策过程，因此通常比反应控制更复杂，此过程允许制定操作计划，以便处理和执行需要更复杂控制水平的任务。这些任务可能是通过查看地图来确定在某一环境中从一个点移动到另一个点的计划和任务的执行。然而，面对不可预见的事件，如障碍物阻碍了车辆通过的特定路线，纯认知控制便显示出其局限性。在这种情况下，单纯的认知控制很难对初始规划中未预见到的新环境配置做出反应。在理想情况下，控制系统应体现反应系统的反应能力，具有计划和执行认知系统的复杂任务的能力，并能够将层次/混合系统中的反应和认知特征相结合。
- 层次/混合控制方案。该方案将多个反应和认知控制模块按层次组合，从而使它们能够以分层或并行的方式运行。不同控制模块的组合使得系统可以采用一个多层次的优先方案，在方案中，这些控制系统通常会以垂直和水平的形式形成层次结构。层次/混合系统的优点是能够将从不同模块中获得的行为结合起来，从而产生更稳健的行为和执行更复杂的任务。混合控制是通过一系列模块来实现的，这些模块可以并行并相互通信。

3.3.2 子系统

车辆的控制分为两部分：第一部分是速度控制，第二部分是横向偏差控制。配有内燃机和制动器的车辆的速度控制采用了文献［20］开发和提供的 ACC 系统，该子系统又可分为两大功能装置，一部分用于加速，另一部分用于制动，这两部分都具有特定功能并已集成到车辆的数学模型中。

加速装置由喷射系统、相匹配的离合器和内燃机以及车辆的纵向动力系统组成。其中喷射系统可由二阶单元表示，而发动机和离合器分别由延时比例单元 PT1 和死区型非线性单元表示。虽然发动机也具有非线性特性曲线，但除了控制器的设计外都不会影响到这里所提出的简化。为了提高控制系统的动力特性，PT1 单元还可以进一步简化车辆的纵向动力系统，在前馈结构中加入含有发动机特性曲线的附加组件。这个额外的组件反过来又减轻了闭环控制器的工作压力，确保了整个系统的快速响应。

制动装置由间接转矩控制的机电执行器、制动系统的机械部件和车辆特性制动曲线组成。用于车辆运动控制器端的数学模型通常是基于"自行车模型"开发的。在用于车辆横向控制的不同控制器结构中，比较突出的是比例、积分和微分控制（Proportion Integration Differentiation，PID）族的经典控制器以及级联或非线性控制结构。考虑到速度值对车辆动态行为的影响，在速度变化很大的情况下需要使用自适应控制器或其他现代控制技术。同样，也可以使用基于人工智能的系统以获得更好的运行条件和车辆性能。

对于车队控制，确保车辆之间的固定距离至关重要，因此，有必要使用与速度控制器级联的附加控制器。例如，可以通过检测放置在前车上的彩色编码标记来获得车辆之间的距离，然后将该距离信息发送给控制器，即系统依次向速度控制器发送有关其参考值增加或减少的信息。同样，计算机视觉系统也可以检测车辆之间的横向位移，然后将这些信息发送给横向距离控制器，以确保车队保持直线。

3.4 轨迹规划

路线规划是指确定起点 A 到终点 B 之间的轨迹。在自动驾驶车辆计算机控制系统中，规划组件起到了非常重要的作用。轨迹规划算法必须考虑地图、路段中车流状态以及其他可用信息，以确定车辆行驶的路径。

目前，已经有多种用于轨迹规划的算法，其中最著名的包括图形搜索、A*算法、基于势场的搜索法以及矢量场法，这些算法的应用通常取决于给定环境的类型以及与解决方案复杂性相关的性能要求。

现有的导航算法高度依赖于对车辆当前位置的正确识别和估计，这种依赖性在车辆特定轨迹的位移控制过程中更加明显。导航的复杂性取决于车辆在周边地图中的相对位置及其相对于指定轨迹的位置。导航命令会形成一系列的操作，使得车辆能够沿指定的路径行驶。车辆在定位和方向上的误差可能会导致其在执行驾驶任务时出现严重问题。因此，在预设路线的导航中，自动驾驶汽车必须有能持续估计其当前位置的装置。此外，车辆的控制系统必须有足够的鲁棒性，即在行驶轨迹上突然出现了意料之外的障碍物时，车辆能够顺利通行。

3.5 计算机视觉

本节讨论了计算机视觉技术在驾驶员支持系统和自主导航中的应用，重点介绍为支持商用智能车辆而开发的应用系统，其所涵盖的概念同样也可扩展到一般的自动驾驶汽车的导航中。尽管外场固定摄像头也用于交通监控系统和驾驶员支持系统，但本节讨论的是使用车内嵌入式摄像头和其他传感器的应用系统。普通的车道监控仅仅使用了一个安装在车内并对齐中心轴的摄像头的单眼视觉，如果需要立体视觉，则可以使用安装在车辆两侧的两个摄像头实现。因为立体视觉有景深的概念，所以能够提供了更多的信息。然而，多摄像头的同步增加了系统的复杂性。另一个需要考虑的问题是彩色或黑白相机的使用：彩色图像比灰度图像包含了更多的信息，但前者的处理时间也更长。

在分析从嵌入式摄像头获取的视频序列时，某些因素阻碍了正确的车道监控：
- 油漆问题。许多公路上的标线漆已经磨损，使系统很难确定道路的边界。
- 阴影。树木、建筑物、桥梁和车辆会在公路和其他车辆上投射阴影，这会改变公路图像的强度和纹理。
- 太阳位置。太阳方位可以使摄像头拍摄的图像形成饱和或镜面反射。
- 遮挡。在同一条公路上行驶的车辆可能会部分或完全遮挡住摄像头的视线。

下文将详细分析道路偏离检测、障碍物检测、交通标志检测与识别、视觉导航等问题。对于每一个问题，都将分析最合适的摄像头类型和设置数量。

3.5.1 道路偏离检测

在辅助驾驶系统中，一个重要的问题就是道路偏离检测系统的开发。该系统的主要目的是监测车辆相对于道路边缘的位置，如果车辆有驶出道路的趋势，则要及时做出提醒。这种提前检测对于长途和夜间驾驶公交车和货车的驾驶员来说至关重要，特别是在道路交叉口，因为他们很可能处于疲劳状态。

道路偏离检测的前提是对道路边缘进行可靠的识别，目前绝大多数智能车辆的应用系统都是检测标记道路边缘的标线漆。部分解决方案是使用彩色摄像头进行道路检测，但最近提出的方法绝大多数使用的是黑白图像，其中一个原因是路面漆通常是白色的，处理彩色图像的开销不能补偿颜色信息带来的收益。一些研究人员选择使用立体视觉，然而在大多数道路边缘检测技术中，仅使用一个摄像头是最通常的选择，因为目前景深在解决这个问题上并不能提供更多的相关信息。

既有文献中提出了几种解决道路边缘检测的方法，在获得道路边界的最常见假设中，以下两条比较重要：

- 道路几何线形。根据道路几何线形建立符合预期的数学模型通常能提高对于图像伪影的抗干扰性，但这样的模型要应用于不同结构的公路上，可能缺乏灵活性。
- 关注点。对图像的一小部分进行分析可以降低计算开销，但兴趣区域的选择问题可能是一个阻碍因素。

许多学者在文章中探讨了上述特征，并使用了多种图像处理和计算机视觉工具来进行道路检测。

Kluge 提出了一种基于道路边缘检测的方法来估计道路方向和曲率的技术，该方法不需要通过轮廓对其进行分组。当高达 50% 的边缘像素受到噪声干扰时，这种解决方案仍能很好地工作，而且这些干扰在许多实际情况中可能不会出现。

另一类道路探测器的原理是从反向透视中获得鸟瞰图，这种技术采用全局坐标来更可靠地估计道路轮廓。但是，除了需要校准相机之外，对图像序列的所有帧进行反向透视计算也需要额外的计算开销。文献［31，35，37］中已经提出了几种道路边界模型，这些方法假定道路具有特定的几何特征，并且数学曲线可以根据所获得的图像进行调整。一般来说，自由度较高的曲线具有更好的适应性，但同时对噪声也更敏感。另一方面，较简单的曲线不能提供如此精确的拟合度，但其对噪声/伪影的抗干扰性更好。使用平滑曲线模型分割车道的最大优点是可以快速获得有关车道方向和曲率的信息，这些信息对于开发道路偏离检测系统至关重要。Jung 和 Kelber 提出了道路边界的线性抛物线模型，模型的线性部分适用于靠近摄像头的视野，抛物线部分适合最远的区域，这种模型结合了二次模型的灵活性和线性模型的抗干扰性。

为了检测道路偏离，需要有关车辆相对于道路中心线及边缘的位置和方向信息，这种分析可以在全局坐标或图像坐标下进行。全局坐标提供了位移和实际车辆方向的信息，这些信息可以以距离或角度进行量化，但需要对摄像机进行校准才能获得这些坐标。另一方面，如果仅使用图像坐标，则无须事先获得摄像头的类型/位置信息。下面将简要讨论几种道路检测技术。

文献［24］提出的轨道偏离检测系统使用了边缘分布函数来估计道路边缘的方向，导向变化用于计算与道路中心线的偏差，该技术适用于标线漆涂覆良好的道路，如果油漆质量不高且油漆标记之间存在间隔，则方向估计可能会失败。文献［13］中提出了一种改进方案，引入了边缘像素提取技术，提高了该技术的抗干扰性；然而由于使用了线性轮廓模型，在曲线道路上仍然可能出问题。

有些系统使用雷达、视觉和激光传感器来检测车道变换。显然，激光传感器的成本较高，是不经济的解决方案。此外，还有系统使用线性抛物线道路模型和其中线性部分的导向来获得道路偏差值，当该指标超过某个阈值时，将被判断为道路偏离。

目前，一些商用车已经配置了道路偏离检测系统。例如，雪铁龙 C5 车型的保险杠下部装有红外传感器，一旦车辆穿越车道标线会及时通知驾驶员。该系统相对简单，当驾驶员驾车越过道路标线时就会发出警报。

3.5.2 障碍物检测

车辆与行人之间的碰撞是较为常见的交通事故类型。在此场景中，物体跟踪系统可用于检测物体，如果该物体可能与车辆发生碰撞，则及时警告驾驶员。尽管一些技术解决了一般性障碍物检测的问题，但大部分研究人员的研究重心主要集中在对特定物体的检测和跟踪上，在此过程中考虑了特定目标物体的几何特征。在无组织环境中，自动导航也可表征为一种障碍物，可造成车辆运行的中断。

在目前最流行的障碍物检测方法中，关注度较高的方法主要有：

- 静态图像分析。这种方法通常处理速度较快，并与车辆移动无关。换句话说，它忽略了障碍物移动的时间连续性。
- 光流。该策略可以检测一般障碍物，并计算出相对速度，但通常具有较高的计算开销，并且对车辆运动和摄像头的校准较为敏感。
- 立体视觉。该技术引入了景深的概念，可以对三维物体进行重建；但是，它需要很高的计算开销，并且对摄像头参数非常敏感。
- 通过公式识别物体。通常需要被检测物体形状的先验知识才能生成较为准确、误报率低的检测结果；换句话说，基于模型的技术是十分通用的。

此外，雷达、激光等传感器还可以与视觉信息结合，它们具有提供被探测物体距离信息的优势。另一方面，除了数据融合的难度和计算开销外，引入其他传感器还会增加财务成本。接下来，将简要介绍一些用于障碍物检测的计算机视觉技术。

一些方案事先假设道路模型，并基于该模型检测可能的障碍物。文献［32］使用概率模型检测道路平面外被视为潜在障碍的构造物。文献［1］对连续帧之间的像素流使用同质公式化方法，以检测道路平面外的物体，这种技术在斜坡上会受到限制。基于单目视觉的障碍物检测算法采用卡尔曼滤波器对目标进行跟踪，该技术利用道路的三维几何模型来获取与被检测物体的距离信息。

另一项方案也使用了单目视觉来进行障碍物检测，该方法通过小波变换计算出道路相对于车辆的运动，并对不同运动模式的区域进行统计检测。虽然该方法处理速度很快，但不能在全局坐标中估算距离和速度。文献［14］利用景深图，开发了一种基于立体视觉的行人检测系统，该系统首先计算出一幅深度图，然后使用形式搜索算法检测行人，最后随时间不断跟踪每个行人的边界框。

障碍物检测问题也已由私营公司解决。

3.5.3 交通标志检测与识别

辅助驾驶系统的另一个引人注意的特征是包含了能够检测与识别交通标志的技术。该技术可以持续观测交通标志，及时告知驾驶员有关标志的信息，从而使他们能够遵守所有驾驶规则并能根据路况做出及时调整。要实现这一功能，需要以下两个步骤：

- 检测。在这一步中，交通标志被分割并与图像背景隔离。
- 识别。在此步骤中，通常通过搜索现有数据库来识别已经分割的交通标志。

在交通标志的检测中，颜色信息起着关键性的作用。例如，巴西国家公路局（DNER）将巴西的交通标志分为六类：警告、教育、名称、工作、管理和辅助服务，这些标志通常具有特定的颜色、几何图形和尺寸。

尽管我们不知道是否存在与巴西交通标志相适应的检测与识别系统，但在不同国家的交通标志规则情境下，世界各地的研究人员都在不断探索检测与识别不同颜色和几何图形等信息的系统方法。为了分析色彩信息，已经使用了多种颜色空间。

检测交通标志的问题可以看作是障碍物检测的一个特例，其中搜索区域是道路边界两侧的邻域。虽然对交通标志的颜色和几何图形的先验知识有助于检测与识别过程，但在城市和道路环境中存在以下影响因素：

- 在图像的色彩分析中，必须考虑到由于太阳位置和阴影导致的光线差异。
- 摄像头和交通标志之间的视角和距离差异会改变投影图像中的几何图形和预期的比例。

交通标志检测的另一个问题是公路上的交通标志老化或养护不善。上了漆的标志可能出现磨损、褪色、生锈或被刮伤的情况。考虑到上述问题，本节将简要介绍各国研究人员提出的交通标志检测与识别技术。

Fang 等人研究了视频序列中交通标志的检测与跟踪问题,最初将两个神经网络用于检测交通标志的颜色特征和形状。在视频的后续帧中,他们使用卡尔曼滤波器跟踪检测到的交通标志。结果表明,在不同的光照条件和气候条件下,该方法能够有效地检测与跟踪交通标志。

Barnes 和 Zelinsky 开发了一种快速检测与识别交通标志的技术,他们研究了交通标志灰阶分割的径向对称性,并在识别阶段对每个彩色通道进行了归一化互相关处理。虽然这项技术处理速度确实很快,但它假定交通标志都呈圆形,因此应用非常有限。

3.5.4 视觉导航

视觉导航系统通常由一个图像库组成,该图像库是以固定间隔抓取的图像序列来描述车辆要经过的路径。此序列可以被"注释",其中包括车辆到达某个位置时要执行的操作,这个序列就是所谓的路径记忆。导航过程从车辆摄像头抓取第一幅图像开始,接着识别出在图像库中与抓取图像最接近的图像(或者该图像也可被视为起点的初始图像)。通过将抓取的图像与图像库中的影像进行比较,车辆就可以确定要执行的命令。此命令会使车辆转弯或向前移动,直到两个图像都被正确框定。车辆在调整位置和方向后,会执行与当前参考图像相关的命令或继续前进。当车辆到达目标时,当前图像被来自图像库的下一个图像改变,重复整个过程。通常使用归一化互相关等技术完成自动驾驶车辆捕获图像与当前图像库中图像的比较工作。

这项技术已被不断改进并用于全方位视觉系统,该系统保证了车辆能够获得在当前位置上的额外参考信息,并可实现双向导航,即仅使用一组图像序列就可进行往返导航。

3.6 本章小结

本章介绍了自动驾驶汽车的概念,描述了其主要构成;同时还描述了计算机视觉以及多传感器融合是如何在信息响应方面协助完成信息的提取、推断和决策的。这些方法可以使车辆自动或协助驾驶员完成各种日常任务,例如泊车、保持定速以及其他功能。

参考文献

1. Alix R, Le Coat F, Aubert D (2003) Flat world homography for non-flat world on-road obstacle detection. In: Proceedings of the IEEE intelligent vehicles symposium. IEEE, Piscataway, pp

310-315

2. Barnes N, Zelinsky A (2004) Real-time radial symmetry for speed sign detection. In: Proceedings of the IEEE intelligent vehicles symposium. IEEE, Piscataway, pp 566-571

3. Benenson R (2008) Perception pour véhicule urbain sans conducteur: conception et implementation. PhD thesis, Tese (Doutorado) - École des Mines de Paris, Paris Tech, Paris

4. Bertozzi M, Broggi A, Cellario M, Fascioli A, Lombardi P, Porta M (2002) Artificial vision in road vehicles. Proc IEEE 90 (7): 1258-1271

5. Broggi A, Zelinsky A, Özgüner Ü, Laugier C (2016) Intelligent vehicles. Springer, Cham, pp 1627-1656

6. Chuanjin L, Xiaohu Q, Xiyue H, Yi C, Xin Z (2003) A monocular-vision-based driver assistance system for collision avoidance. In: Proceedings of the IEEE intelligent transportation systems, vol 1. IEEE, Piscataway, pp 463-468

7. Crowley J, Martin J (1995) Experimental comparison of correlation techniques. In: Proceedings of the international conference on intelligent autonomous systems

8. Demonceaux C, Kachi-Akkouche D (2004) Robust obstacle detection with monocular vision based on motion analysis. In: Proceedings of the IEEE intelligent vehicles symposium. IEEE, Piscataway, pp 527-532

9. dos Santos CT, Osório FS (2004) An intelligent and adaptive virtual environment and its application in distance learning. In: Proceedings of the working conference on advanced visual interfaces. ACM, New York, pp 362-365

10. Dudek G, Jenkin M (2010) Computational principles of mobile robotics. Cambridge University Press, Cambridge

11. Ziegler J, Lategahn H, Schreiber M, Keller CG, Knöppel C, Hipp J, Haueis M, Stiller C (2014) Video based localization for Bertha. In: Proceedings of the IEEE intelligent vehicles symposium proceedings. IEEE, Dearborn, MI, pp 1231-1238

12. Fang CY, Chen SW, Fuh CS (2003) Road-sign detection and tracking. IEEE Trans Veh Technol 52 (5): 1329-1341

13. Fardi B, Scheunert U, Cramer H, Wanielik G (2003) A new approach for lane departure identification. In: Proceedings of the IEEE intelligent vehicles symposium. IEEE, Piscataway, pp 100-105

14. Gavrila DM, Giebel J, Munder S (2004) Vision-based pedestrian detection: the protector system. In: Proceedings of the IEEE intelligent vehicles symposium. IEEE, Piscataway, pp 13-18

15. Heinen FJ, Osório FS (2002) Hycar - a robust hybrid control architecture for autonomous robots. In: Proceedings of the HIS, pp 830-842

16. Jung CR, Kelber CR (2004) A lane departure warning system based on a linear-parabolic lane model. In: Proceedings of the intelligent vehicles symposium. IEEE, Piscataway, pp 891-895

17. Jung CR, Kelber CR (2004) A robust linear-parabolic model for lane following. In: Proceedings of

the Brazilian symposium on computer graphics and image processing. IEEE, Piscataway, pp 72–79

18. Kastrinaki V, Zervakis M, Kalaitzakis K (2003) A survey of video processing techniques for traffic applications. Image Vis Comput 21 (4): 359–381

19. Kelber CR, Dreger RS, Schirmbeck J, Borges DA (2002) Nonlinear steering control strategy for an optical stripe tracker. In: Proceedings of the 7th international workshop on advanced motion control. IEEE, Piscataway, pp 546–550

20. Kelber CR, Webber W, Gomes GK, Lohmann MA, Rodrigues MS, Ledur D (2004) Active steering unit with integrated ACC for x–by–wire vehicles using a joystick as HMI. In: Proceedings of the IEEE intelligent vehicles symposium. IEEE, Piscataway, pp 173–177

21. Klette R (2015) Vision–based driver assistance. In: Wiley encyclopedia of electrical and electronics engineering. Wiley, Hoboken

22. Kluge K (1994) Extracting road curvature and orientation from image edge points without perceptual grouping into features. In: Proceedings of the intelligent vehicles symposium. IEEE, Piscataway, pp 109–114

23. Latombe JC (2012) Robot motion planning, vol 124. Springer, Berlin

24. Lee JW (2002) A machine vision system for lane–departure detection. Comput Vis Image Underst 86 (1): 52–78

25. Linfeng L, Hai W, Ping H, Huifang K, Ming Y, Canghua J, Zhihong M (2017) Robust chattering–free sliding mode control of electronic throttle systems in drive–by–wire vehicles. In: Proceedings of the 36th Chinese control conference, pp 9513–9518

26. Matsumoto Y, Ikeda K, Inaba M, Inoue H (1999) Visual navigation using omnidirectional view sequence. In: Proceedings of the IEEE/RSJ international conference on intelligent robots and systems. IEEE, Piscataway, vol 1, pp 317–322

27. Medeiros AA (1998) A survey of control architectures for autonomous mobile robots. J Braz Comput Soc 4 (3). http://dx.doi.org/10.1590/S0104-65001998000100004

28. Meneguette RI, Boukerche A, Pimenta AHM, Meneguette M (2017) A resource allocation scheme based on Semi–Markov Decision Process for dynamic vehicular clouds. In: Proceedings of the IEEE international conference on communications, pp 1–6

29. Ozguner U, Stiller C, Redmill K (2007) Systems for safety and autonomous behavior in cars: the DARPA grand challenge experience. Proc IEEE 95 (2): 397–412

30. Paden B, Cap M, Yong SZ, Yershov D, Frazzoli E (2016) A survey of motion planning and control techniques for self–driving urban vehicles. IEEE Trans Intell Veh 1 (1): 33–55

31. Risack R, Mohler N, Enkelmann W (2000) A video–based lane keeping assistant. In: Proceedings of the IEEE intelligent vehicles symposium. IEEE, Piscataway, pp 356–361

32. Stein GP, Mano O, Shashua A (2000) A robust method for computing vehicle ego–motion. In: Proceedings of the IEEE intelligent vehicles symposium. IEEE, Piscataway, pp 362–368

33. Thorpe C, Hebert MH, Kanade T, Shafer SA (1988) Vision and navigation for the CarnegieMel-

lon Navlab. IEEE Trans Pattern Anal Mach Intell 10 (3): 362 – 373
34. Vis IF (2006) Survey of research in the design and control of automated guided vehicle systems. Eur J Oper Res 170 (3): 677 – 709
35. Wang Y, Shen D, Teoh EK (2000) Lane detection using spline model. Pattern Recogn Lett 21 (8): 677 – 689
36. Weiss K, Kaempchen N, Kirchner A (2004) Multiple – model tracking for the detection of lane change maneuvers. In: Proceedings of the IEEE intelligent vehicles symposium. IEEE, Piscataway, pp 937 – 942
37. Yue Wang EKT, Shen D (2004) Lane detection and tracking using b – snake, image and vision computer. Image Vis Comput 22: 269 – 280

第 4 章
V2I 通 信

车载自组织网络（Vehicular Ad Hoc Network，VANET）旨在为驾驶员安全、车辆行驶效率以及旅途中乘客的舒适性和娱乐性提供应用服务。其中，部分应用服务需要通过路侧接入点（Access Point，AP）连接到互联网来实现，如蜂窝基站或Wi-Fi基站。连接网络时会产生控制消息开销，并可能因接入点的改变而影响服务质量。除了连接到AP的接口外，车辆还配备其他的网络接口。因此，车载应用可以同时使用各种不同的网络接口，从而最大化吞吐量并减少网络延迟。然而，这些接口也可以作为路侧AP的连接。这些连接进一步增加了控制消息开销以及从一个AP到另一个AP的更改时间，从而影响网络吞吐量，最终影响应用服务质量。本章介绍了管理AP与车辆在几种网络之间（无线网络和蜂窝网络）进行异构通信的技术架构，以减少通信开销对网络的影响。

4.1 引言

车联网的一些应用服务需要通过路侧接入点（如蜂窝基站）连接到网络，其可能导致控制消息过载并发生AP更改，从而影响应用服务质量。然而，同时使用不同的接口能极大地提高应用服务质量。如果车辆包含多个连接到不同网络的网络接口，则其可以连接到不同的域和接入网络。虽然这些车辆可以同时连接几个网络，但目前车辆仅限于选择发送和接收信息的标准接口。这种限制与当前多个接口的管理模型有关，其中操作系统访问多个接口。通常，操作系统使用户配置文件或基于应用服务类型选择默认的网络接口来发送和接收数据。

为了允许同时使用多个网络接口，互联网工程任务组（Internet Engineering Task Force，IETF）开发了IP流移动性技术，该技术可以根据应用需求和用户偏好在多个链路之间划分IP流。IETF的一些工作组，如用于IPv6的移动性扩展（Mobility Extension for IPv6，MEXT）工作组和基于网络移动性扩展（Network-based Mobility Extension，NETEXT）工作组，一直致力于开发和完善允许同时使用多个接口的协议。MEXT在移动IPv6中标准化了基于主机的IP流移动性，从而实现了具有多个接口的移动节点（Mobile Node，MN）的流绑定。该方法存在着空间资源浪费问题，如在建立IP-in-IP双向隧道、交换与移动性相关的第3层（L3）和通过无线链路发送信令消息等。为了避免无线网络过载，NETEXT讨论了在代理移动 IPv6 中使用基于网络的 IP 流移动性（PMIPv6）。该解决方案具有局限性，即 MN 的流移动性只能由网络端实体发起和控制。

如今，管理车辆和基础设施之间通信的另一种方法是通过基于软件定义网络（Software-Defined Networking，SDN）的架构。SDN 是一种新兴的网络管理方式，它将控制决策与实际转发硬件分开，旨在简化此类网络的管理并对其开放用于创新。这项技术不仅为车辆移动性的管理，而且为车联网的服务和应用带来更大的灵活性和可编程性。

本章描述了管理 AP 和车辆之间通信的技术和架构，以允许多种网络技术（如无线网络和蜂窝技术）之间的异构通信，从而减少通信对网络的影响。本章其余部分内容组织安排如下：4.2 节描述了车路（Vehicle-to-Infrastructure，V2I）通信的概念。第 4.2.2 节介绍了基本的 SDN 框架和相关概念，并讨论了未来研究的主要挑战和问题。第 4.2.1 节介绍了可用于移动性管理的管理方法、协议和技术；本节还讨论了今后研究的主要挑战和问题。最后，4.3 节对本章进行了简要总结。

4.2 车路通信的概念

车路通信的目的是实现车辆与基础设施（Vehicle—to—Infrastructure，V2I）之间的通信，如蜂窝或无线天线。这种通信旨在提供与互联网的连接，并支持车辆与数据中心、云端等之间的服务和应用。因此，为了建立此通信，必须设计一套机制来管理车辆的移动，例如在用户没有注意的情况下将车辆从一个 AP 切换到另一个 AP。同样，通信必须处理数据流和管理通过网络传输的数据流。图 4.1 所示为现有的 V2I 通信场景。

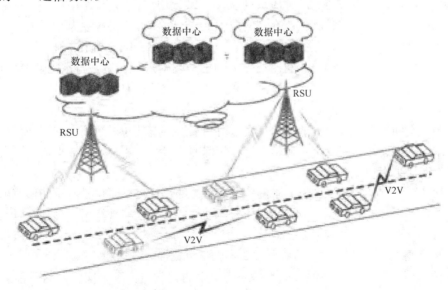

图 4.1　V2I 通信场景

接下来将介绍路侧单元（Roadside Unit，RSU）与车辆之间的移动性管理与交通控制机制与技术。

4.2.1 移动性管理

移动性管理（Mobility Management，MM）包含位置管理和切换管理两个主要部分。位置管理允许系统追踪与其他路径相连接的不同 AP 中移动节点 MN 的位置；切换管理允许移动设备在保持连接的同时切换网络。

在新一代系统中，有两种类型的漫游适用于移动设备：系统内（域内）漫游和系统间（域间）漫游。系统内漫游发生于同一系统的不同单元（Cell）间设备的移动过程中，系统内的移动性管理技术是基于相同的协议和网络接口。系统间漫游发生在不同主干网、协议和技术间的设备移动过程中。因此，系统内或系统间漫游的情况表征了设备的切换和定位，这意味着漫游可以在域内或域间的切换管理和系统位置管理过程中对移动性管理的类型进行区分。

由于所涉及的协议和技术的异构性，系统间管理切换的复杂性程度比系统内管理切换高得多，部分研究人员提出了在 TCP/IP 协议栈的不同层，如应用层、网络层、链接层和交叉层来实现切换的方法。

4.2.1.1 切换

当连接到某一 AP 的车辆离开其覆盖区域时，设备的信号逐渐减弱，而当接近信号较强的 AP 时，需要一种网络机制来维持设备的连接状态，将通信职责移交给新的 AP。这种将设备的通信从一个 AP 转移到另一个 AP 的机制称为切换。

此外，用户设备上的代理可以根据定义明确的策略来决定执行切换，如带宽、成本、安全性、网络覆盖、服务质量（QoS），甚至用户首选项。

现有的切换包含三种类型：在相同技术的 AP 间发生的切换称为水平切换；不同网络的 AP 间发生的切换称为垂直切换，如 3G 的 Wi-Fi。因此，垂直切换允许差异性较大的接入网异构单元间比如带宽和信号频率进行转接。与水平切换相比，每种网络实施垂直切换的这些特性是非常复杂的，但是存在诸如 IEEE 802.21 之类的标准可以帮助实现垂直切换。

利用不同技术网络资源的需求促生了对角切换，它使用两个不同的网络接口而不是改变网络连接的路径进行通信。这种特殊的切换会产生更大的数据流，在实现上的难度比垂直切换要高。

切换决策指标是决定切换需求的标准。传统的切换仅基于信号质量和信道可用性，而在新一代的异构无线网络中，需要新的切换指标来实现高用户移动性以及最小化切换延迟。文献［27］提出了一些切换决策指标：

- 服务类型。不同类型的服务需要不同的可靠性、延迟和传输速率。
- 成本。对于用户来说，成本是一个重要的因素。由于不同的网络可能有不同的收费策略，因此基于成本的网络选择会影响用户的切换选择。

- 网络条件。为了有效地使用网络，需要考虑与网络状态相关的参数，如流量、带宽可用性、延迟和拥塞（数据包丢失）。使用与网络状态相关的信息来选择切换，对于不同网络间的负载平衡非常有用，可以减少拥塞。
- 系统性能。为了保证较高的系统性能，切换决策可以采用多种参数，如信道传输特性、路由损耗、信噪比、比特传输误差等。此外，电池充电可能是一些用户考虑的主要因素，当电池电量最小时，用户可以根据网络（例如蓝牙网络）的电量消耗来选择切换。
- 移动设备条件。车辆特性包括动态因素，如速度、移动类型、位置和运动轨迹。
- 用户偏好。用户偏好可用于向网络提交特殊请求。

4.2.1.2 代理移动 IPv6

文献［11］中提到的代理移动性 IPv6（Proxy Mobile IPv6，PMIPv6）提供了一个基于网络的移动性管理方案，用于将主机连接到 PMIPv6 域。PMIPv6 引入了两个新的功能实体：本地移动锚点（Local Mobility Anchor，LMA）和移动接入网关（Mobile Access Gateway，MAG）。MAG 是检测与此节点关联的 MN 并提供 IP 连接的第一层，LMA 是将一个或多个家庭网络前缀（Home Network Prefix，HNP）分配给 MN 的实体。

PMIPv6 的基本依据是 MIPv6，通过添加诸如本地代理（Home Agent，HA）功能等来扩展 MIPv6。LMA 和 MAG 建立了一个双向通道，为属于 MN 的所有数据流量指定路由。移动管理支持在 PMIPv6 域中自由移动，这意味着移动主机可以在 PMIPv6 域中自由移动，而无须更改其 IP 地址。

图 4.2 所示为 PMIPv6 协议的拓扑结构和组件，它包含一个 MN、一个连接到 AP 的 MAG 和一个连接到相应节点（Corresponding Node，CN）的 LMA。其中，CN 可以是互联网上的任意节点。

默认情况下，从一个 AP 移动到另一个 AP 的整个决策是由 LMA 做出的，该 LMA 管理连接到其他域的 MN 的地址。MAG 在网络上新注册一个用户，使得 LMA 可以知道某个特定的节点连接到它所管理的某些 MAG。

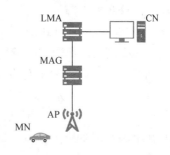

图 4.2　PMIPv6 协议的拓扑结构和组件

当车辆想要进入网络时，源 MAG 感知 MN 附加事件。源 MAG 使用获得的 MN 标识符向 LMA 发送代理绑定更新（Proxy Binding Update，PBU），以便进行注册。在 LMA 接收到 PBU 消息后，在其绑定捕获入口（Binding Catch Entry，BCE）中检查车辆的 ID；如果 ID 在 BCE 中没有条目，则进行添加；然后，LMA 向源 MAG 发送代理绑定确认（Proxy Binding Acknowledge，PBA）将 MN 的 HNP 提供给源

MAG。当源 MAG 从 LMA 接收到 PBA 时,它在其一侧建立一个通道,然后源 MAG 发送路由器公告消息(Router Advertisement,RA),为车辆提供一个 HNP。如果车辆没有接收到 RA,它将发送一个路由请求(Router Solicitation,RS)消息来获取 RA。

当车辆漫游到局域网络中的另一个区域时,它与源 MAG 断开。源 MAG 感知到这个事件,并向 LMA 发送一个 PBU 来执行注销过程。LMA 接收 PBU 消息并启动 BCEDelete 计时器来删除 BCE 中 MN 的条目,然后从 LMA 接收一个 PBA 消息发送到源 MAG。当目标 MAG 感知到车辆附加事件时,它向 LMA 发送一个 PBU 消息。LMA 在其 BCE 中添加新的车辆入口,配置 IP 通道,向目标 MAG 发送 PBA 消息,然后在目标 MAG 和 LMA 之间建立通道。目标 MAG 通过向车辆发送 RA 消息公告 HNP。图 4.3 所示为采用 PMIPv6 的移动管理进程。

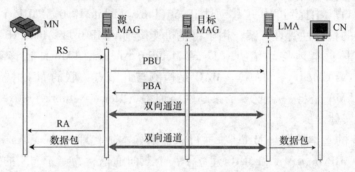

图 4.3 采用 PMIPv6 的移动管理进程

4.2.1.3 IEEE 802.21

IEEE 802.21 是一项 IEEE 规范,旨在允许异构网络间的传输和互通,包括 802 标准和非 802 网络。IEEE 802.21 的主要思想之一是提供一个公共接口,用于管理具有不同技术网络设备间交换的事件和控制消息。

IEEE 802.21 的目标是改善和促进 MN 的使用,在异构网络之间提供不间断的信道传输。为此,交付程序可以使用从移动终端和网络基础设施收集的信息。同时,有几个因素可以决定分布决策:服务连续性、应用服务类别、QoS、QoS 协商、安全性等。

IEEE 802.21 最重要的任务是在环境中发现新的网络,并根据给定的需求选择最合适的网络。网络信息交换促进了网络的发现和选择,它帮助移动设备确定其附近哪些网络处于活动状态,以允许移动终端根据其切换策略连接到最合适的网络。但是,这种新连接的实现存在很大的局限性,即旧基站的断开时间,这表明"先断后通"的执行速度很慢。

IEEE 802.21 的核心是媒介独立切换功能(Media Independent Handover Function,MIHF),MIHF 必须在每个符合 IEEE 802.21 的设备(包括硬件和软件)上执

行。该功能负责与不同的终端、网络和远程 MIHF 通信，并向上层提供信息服务。图 4.4 说明了 IEEE 802.21 服务层及其在 TCP/IP 协议栈中的位置。

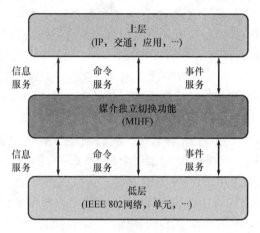

图 4.4　MIHF 服务

MIHF 定义了三种不同的服务：媒介独立事件服务（Media Independent Event Service，MIES）、媒介独立命令服务（Media Independent Command Service，MICS）和媒介独立信息服务（Media Independent Information Service，MIIS）。

MIES 提供事件分类、事件过滤和事件报告，这些都与网络中有关网络链路的特性、状态和质量的动态变化相对应。MIHF 必须在绑定层注册才能接收绑定事件，而对 MIH 事件感兴趣的上层必须在 MIHF 注册才能接收这些事件。事件可以由充当服务点（Point of Service，PoS）的访问点（Point of Access，PoA）的本地堆栈或远程堆栈生成。MIH 事件和链接事件分为六类：管理、状态更改、链路参数、预测、同步链路和链路传输。

MICS 允许 MIH 用户管理和控制与切换和移动性相关的链路特性。MIH 命令源于 MIHF 的上层。在这个功能范围内，这些命令成为远程堆栈的远程 MIH 命令，并作为 MIHF 的链接命令进入较低层。链接命令针对正在使用的接入网，并且仅是本地的链接命令。

MIIS 提供了获取切换所需信息的能力，比如邻域映射、链路层信息和服务可用性。简而言之，该服务为所有通信层提供了一个双向通道来共享信息元素（Information Element，IE）以帮助其进行切换决策。

这些 IE 被分为五组：一般信息，如区域操作符；接入网，如成本、安全性和 QoS；AP 信息，如位置、数据传输率；更高层次的服务，如子网信息；其他信息，如供应商特定信息。

4.2.1.4　具有 IEEE 802.21 及其他策略的代理移动性 IP

在文献中，一些研究已经使用 IEEE 802.21 启动代理移动性 IP（Proxy Mobile

IP，PMIP），为车辆与 RSU 间提供异构通信。其在某种意义上与一些通过允许在流移动性期间同时使用多个接口来提高切换性能的机制相关。

流移动性支持方法的设计允许 PMIPv6 的更新和完全覆盖。该方法基于移动网络中的虚拟接口。虚拟接口使所有物理接口都隐藏在网络层及以上。流接口管理器（Flow Interface Manager，FIM）放置在虚拟接口上，LMA 中的流绑定管理器（Flow Binding Manager，FBM）与流接口管理器配对。这些元素管理着流绑定，并用于选择适合的访问技术发送数据包。流移动性过程始于三种不同的触发情况，分别为来自 MN 的新连接、LMA 的决策或者来自 MN 的请求。

另一项任务侧重于 PMIPv6 流移动性扩展的设计和实现。为此，根据运营商的策略，将 PMIPv6 扩展为支持跨接入无线网络的动态 IP 流移动性管理。考虑到能源消耗是手持设备和智能手机的一个关键方面，研究人员评估了该解决方案的可行性，并提供了使用多个网络接口同时传输/接收数据包时与能源消耗相关的成本试验分析。在该方法中，网络，特别是迁移锚点，是决策控制实体。

另一种切换机制旨在允许通过 IP 进行流传输。该机制基于网络的移动性管理，针对分组交通流进行了优化。该机制采用快速切换协议 PMIPv6（FPMIPv6）。由于该协议不支持流管理，切换方法需要定义新的移动头；流移动性（HIF）切换启动将信息从一个 MAG 发送到其他 MN。这个切换方案还包含了另一个信息来确认切换是流移动（HAF），这是切换确认消息（Handover Acknowledgment Message，HACK）的扩展，负责向 MAG 发送命令。HACK 信息在 FPMIPv6 协议中定义。这些移动头是切换初始化（Handover Initiate，HI）的扩展，负责 FPMIPv6 协议中的迁移管理。该扩展是为了提高 FPMIPv6 中载波移动性流程的效率。此外，新的移动性选项允许关于通信接口的信息传输，称为界面状态和行动（Interface Status—and—Action，ISA）选项，它表明 MN 的状态以及 MN 的网络接口的预期操作。

一种新的选择性 IP 流量卸载（Selective IP Traffic Offload，SIPTO）机制考虑了车载通信网络。该机制支持将数据卸载、无缝传输和 IP 流移动性提供给具有多个接口的移动设备。有学者创建了一种称为多链路分段管理（Multilink Striping Management，MSM）的机制，它允许不同接入网技术之间的数据传输流和移动性，有关链路质量和网络状态（如网络核心和访问）的报告用作 MSM 的触发器。这些触发器决定是否需要流变换（数据卸载或切换）以避免会话中断。媒介独立切换（Media Independent Handover，MIH）服务用于触发卸载数据或切换流的变化需求。通过使用基元，MIH、IP 流移动性、切换和数据卸载可以顺利执行，从而在提高网络容量的同时更好地使用网络资源。

无缝流移动性管理架构（Seamless Flow Mobility Management Architecture，SFM-MA）由一个作为无线网络中无缝启用多存取技术的公共基础设施架构组成。SFM-MA 与 WiMax 和 LTE 技术以及无线运营商网络技术合作，为车辆应用服务提供连续和透明的连接。该架构旨在满足车辆应用的最低需求（如丢包率、吞吐量和时延)的同时最大化网络流量。

因此,基于车联网的应用分类和环境中每个活动网络的状态来创建一个流管理器。然而,该方案由于使用了 802.21 协议来执行流的更改,因此产生了大量用于建立接口之间返回流的控制消息。例如,对于由 MN 发起的流更改,至少需要 13 条控制消息,这可能会使管理变慢并可能产生不稳定的移动性。

表 4.1 总结了已有的流移动性管理研究的特点:①用于移动性管理的技术(协议);②其他协议或者消息辅助的使用(辅助);③用于初始化或流量变化决策的设备(决策);④经过测试的网络技术(技术);⑤是否考虑网络的状态及其流量(状态)。

表 4.1 基于基础设施的资源管理器研究成果

文献	协议	辅助	决策	技术	状态
Choi	PMIPv6	HUR, HUA, 流移动性信息	LMA, MN	Wlan, WiMAX, PPP (3G)	否
Melia	PMIPv6	—	LMA	Wi-Fi, 3G	否
Kim	PMIPv6	HIF, HAF, ISA 信息	MN	Wi-Fi, 3G	否
Makaya	MSM	MIHF	MN	Wi-Fi, 3G	是
Meneguette	PMIPv6	MIHF	MN, AG, LMA	LTE, 802.11p	是

注:HUR 是指 HNP 更新请求,HUA 是指 HNP 更新确认。

尽管这些工作为管理车辆的移动性提供了有效的解决方案,但由于 802.21 协议的特性,它们都引入了大量的控制消息。此外,需要简化和优化 AP 间切换的决策机制,以便车辆可以快速选择连接到哪个 RSU。

4.2.1.5 面临的挑战

强调使用 802.21 协议的相关性是很必要的,该协议是 IEEE 为辅助异构网络中的移动性管理而建立的标准。与专有协议或跨层协议不同,此协议适用于任何网络技术,且不限于单一技术。802.21 协议扮演着重要的角色,因为它除了是一个能够服务于当前任何网络技术的通用协议外,还允许通过其功能和消息捕获网络状态。然而,该协议没有对移动性进行实际管理,这意味着它不处理寻址和路由信息流。因此,这种情况要求 PMIPv6 协议管理每个车辆的地址和前缀。与现有的 MSM 不同,PMIPv6 是 MIPv6 协议的扩展。因此,PMIPv6 具有标准化和常用的功能,促进了未来各种流移动性管理协议之间的互操作性。

因此,最大的挑战之一是在不同时使用 802.21 和 PMIPv6 协议控制消息的情况下确定这些协议的应用以避免网络的过载。这样做,简化了车辆间、车辆与 RSU 之间的信息交换,从而加快了决策和 AP 的切换。尽管 PMIPv6 协议处理了车辆的操作和寻址,但它没有建立任何策略来定义 AP 之间的切换。因此,识别和开发快速有效的 AP 切换协议极具挑战。在试图满足车联网的需要并保持用户体验质量时,车辆的速度、路况和所提供的服务对切换有显著的影响。

4.2.2 软件定义网络

软件定义网络（Software – Defined Networking，SDN）是一种新兴的技术，具有可管理性、动态性、适应性和低成本等特点。SDN 可以使用各种技术提供灵活性、可编程性和集中控制，如数据包路由、无线资源优化、抗干扰和信道分配。SDN 允许在多跳、多路由场景中转发，以及网络异构性和高效的移动性管理。

SDN 包含网络管理，它将数据平面与控制平面分隔开来，前者将网络接口上的数据包转发到预期的目的地，后者执行逻辑过程并执行所有决策。因此，SDN 可以为网络带来灵活性和可编程性，为网络的创新打开大门。图 4.5 所示为 SDN 的简单框架。

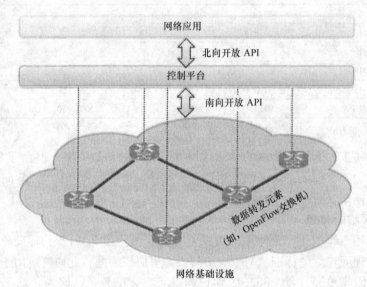

图 4.5 SDN 的简单框架

在实践中，网络元素（如交换机）遵循由逻辑集中控制器定义的一组规则和策略，SDN 元素包含实际的网络智能。因此，SDN 的主要元素是与网络交换机通信的控制器，该网络交换机根据控制器安装的规则转发数据包。此外，控制器通过一个北向的 API 与网络应用通信，并将它们的需求转换为适当的网络决策，北向 API 提供了对上层的编程框架。到目前为止，还没有标准的北向 API。南向 API 用于支持数据平面和控制平面之间的通信。南向接口（OpenFlow）是 SDN 网络中应用最广泛的南向 API 协议之一。

OpenFlow 是 SDN 架构的控制层和转发层之间定义的第一个标准通信接口，它由开放网络论坛（Open Networking Forum，ONF）维护的一组规范组成。此外，OpenFlow 是一个开放的标准，允许研究人员在校园网中运行试验协议。该标准作为一项功能被添加到商业以太网交换机、路由器和无线 AP 中，在不需要供应商公开其网络设备的内部工作情况的条件下，为研究人员进行试验提供了一个标准化的挂钩。因此，OpenFlow 允许直接访问和操作网络设备（如交换机和路由器）的转发平面，不管是是物理的还是虚拟的。

在其规范中，OpenFlow 被定义为一个抽象的包处理器，称为交换机，如图 4.6 所示。交换机使用包内容和交换机配置状态的组合来处理包。此外，OpenFlow 逻辑交换机由一个或多个流表、包含流项的传递途径、一个组表、一个操作桶列表，以及根据每个包选择一个或多个操作桶方法组成。交换机在一个或多个 OpenFlow 通道上执行包查找和转发，这些通道是 OpenFlow 交换机和控制器用于管理交换机的 OpenFlow 控制器之间的接口。

交换机中的每个流表包含一组流条目；每个流条目由匹配字段、计数器和一组用于匹配包的指令组成。通过这些信息，控制器可以主动也可以被动地添加、更新和删除流表中的流条目以响应数据包。

基于 OpenFlow，数据平面元素变成了根据控制器安装的规则转发数据包的设备。数据包到达 OpenFlow 交换机的一般流程可以描述为：

• 数据包与现有规则匹配。不同版本的 OpenFlow 协议在匹配过程中考虑不同的包信息，但在此匹配中使用的一些信息示例包括源和目标 MAC 地址、VLAN 标识以及源和目标 IP 地址。

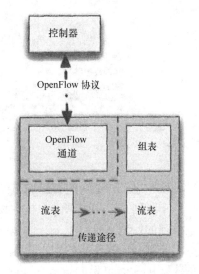

图 4.6　理想化的 OpenFlow 交换机

• 如果包匹配已有规则，则执行相关操作。操作示例包括删除数据包、将数据包转发到特定端口或将数据包发送到控制器。

• 如果没有匹配的规则，数据包将被发送到控制器，控制器将决定如何处理它，并在 OpenFlow 交换机中安装一个新规则。下次该流的包到达交换机时，它将匹配现有的规则，因此不需要将包发送到控制器。这个过程的工作原理很像缓存，其中包在缓存缺失事件中被发送到控制器。在未来的包到达事件中，交换机便会知道如何处理这种包。

交换机与控制器通信，控制器通过 OpenFlow 交换机协议管理交换机。因此，可以定义 OpenFlow 来操作交换机的配置状态或接收给定的交换机事件。

4.2.2.1　车联网软件定义网络

目前已有一些架构使用了 SDN，它们不仅在基础设施和互联网之间，而且在基础设施和车辆之间执行通信控制。这些基于 ONF 提出的架构，在 ONF 提出的 SDN 控制器中引入了新的元素和机制，旨在提高网络性能。

ONF 提出的框架可分为一系列层：①应用层由使用 SDN 通信服务的终端用户业务应用组成；②控制层强化了通过一个开放的接口监控网络转发行为的控制功能；③基础设施层由提供分组交换和转发的网络元素和设备组成。图 4.7 概括地描述了这种架构。

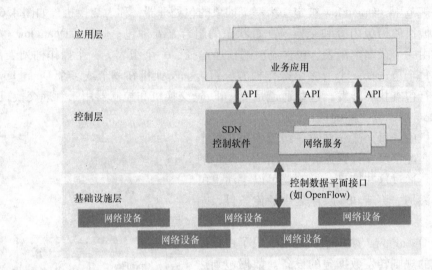

图 4.7　ONF/SDN 架构

4.2.2.2　基于 SDN 的智慧城市架构概述

车联网可以用来帮助对抗大城市的弊病，如交通堵塞、低效的公共交通系统和不稳定的控制系统。中央控制系统将以软件定义网络为基础，在这种网络中，系统不仅监测和控制网络的数据流量，而且还监测和控制街道上的车辆流量。智能交通系统（Intelligent Transport System，ITS）的主要目标是提供车辆与道路基础设施之间信息传输的 QoS。交换机可以接收网络状态信息、进行推断，并采取适当的行动，比如在道路高度拥挤时延长特定红绿灯的时间。因此，它可以减少特定地区的拥堵，从而减少二氧化碳的排放、减少平均旅行时间和燃料消耗。

SDN 的核心概念是分离控制平面与数据平面。后者用于路由数据，而前者用于控制网络流量。一些研究尝试开发用于城市 ITS 的 SDN 架构。图 4.8 描述了 ITS 的 SDN 架构，其通常使用工具来实现。Ryu 和 OpenvSwitch 已被用于开发控制器，通过车联网监控大城市道路上的交通，其目的是减少拥堵，告知驾驶员道路交通事件，以及提供新的路线。架构由以下元素组成：

• SDN 控制器。基于 VANET 的 SDN 系统的逻辑智能中心。SDN 控制器控制整个系统网络的行为。

• SDN 车辆。由 SDN 控制器控制的数据平面元素。SDN 车辆接收来自 SDN 控制器的控制消息，通过 OpenvSwitch 执行操作。

• RSU SDN。SDN 控制器可以控制的固定数据平面。它们是沿着路段部署的

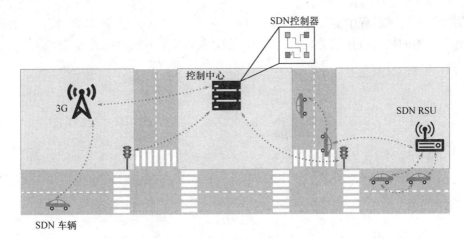

图 4.8 组件间的通信

基础设施 RSU。

图 4.8 展示了基于 SDN 架构的组件之间的通信。控制模式包括系统的所有操作模式，即 SDN 控制器控制与 AP 连接的任何元素、AP 与车辆之间的连接（RSU 道路基础设施）以及车辆之间的连接。SDN 驱动程序虽不能完全控制，但是可以将包处理细节的控制委托给本地代理，在所有 SDN 元素间切换交通流量控制。因此，控制器仅指示 SDN 车辆和 SDN RSU 执行具有特定参数的特定路由协议。

4.2.2.3 SDN 作为车辆通信的管理者

当我们将 SDN 架构视为管理车辆间通信的结构时，它支持基础设施管理车辆在网络技术和通信间的移动性。由于在 SDN 网络中，数据包的 IP 头不再直接用于包路由，而是用于包数据流中，因此这种架构有望提供更大的动态性和移动性控制。这些波动是由包的消息字段确定的，这使得与不同的网络技术进行通信变得灵活和容易。

使用 SDN 的移动性管理可以分为三个部分：

- 集中式 SDN。SDN 控制器管理网络的所有元素，换句话说，控制器协调所有 SDN 交换机，如图 4.9 所示。因此，控制器具有网络的全局视图，相比其他的决策，它可以就 AP 间的交换、网络中的负载平衡等做出最佳决策。然而，这种策略要求交换机和控制器之间具有良好的通信质量，并且在增加网络中的元素数量时需要考虑可扩展性。

- 半集中 SDN。该方法中没有中央控制器，而是可以在地理上分布或者处理不同的域的一组控制器，如图 4.10 所示。因此，每个控制器负责一组交换机，并且必须处理其他控制器之间的通信，以便

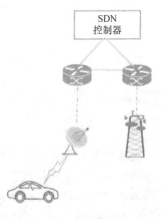

图 4.9 集中式 SDN

使得车辆在行驶过程中能从一个 AP 切换到另一个 AP。由于控制器之间的这种通信，网络中的数据包数量更大，因此 AP 的交换可以由不同的控制器实现。

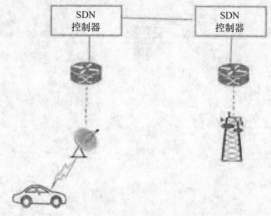

图 4.10　半集中 SDN

- 分层 SDN。该方法是半集中 SDN 的扩展，但不同的是控制器之间不再有直接的通信。在分层方法中，主控制器必须管理其他控制器，从而创建控制器的层次结构，如图 4.11 所示。此主控制器管理其域中控制器控制的子域。因此，这种方法利用了集中式方法，即通过与下面的控制器通信来获得全局网络邻居。

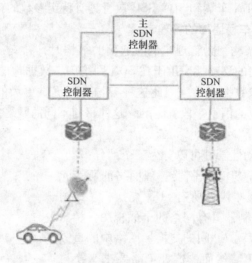

图 4.11　分层 SDN

无论用何种方式处理移动性管理，SDN 通过减少执行 AP 交换所需的控制消息的数量以更有效地使用网络，比如，假设用户正在智能手机上使用一系列应用，这些智能手机与手机信号塔相连。由于用户在移动，AP 和电话提供商使用 LTE 技术来提供对数据的访问，用户需要更改 AP 来继续使用这些服务。如果提供商使用 LTE 协议的所有基础设施和功能，那么系统将生成一组 20 条的控制消息来执行此

AP 交换。如果系统使用 SDN，那么对于相同的假设场景，这个数字将减少到 14 条消息。图 4.12 和图 4.13 展示了移动性管理系统生成的消息流框架，该消息流用于执行从当前天线（源 eNB）到下一个天线（目标 eNB）的切换，同时考虑有和没有 SDN 的解决方案。

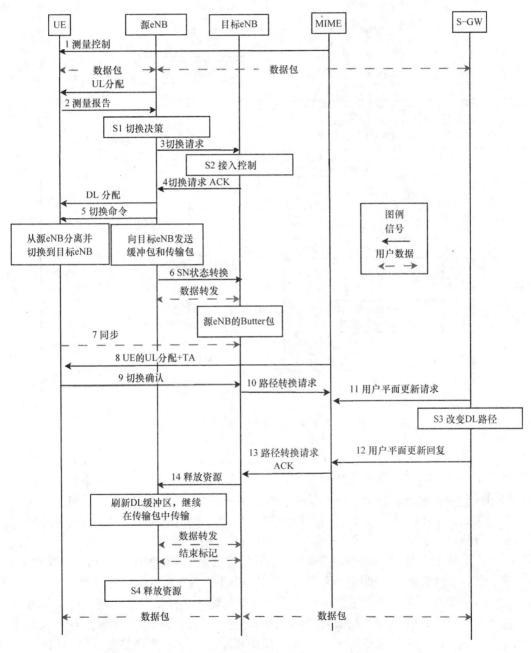

图 4.12 标准 LTE 移动管理系统生成的消息流框架

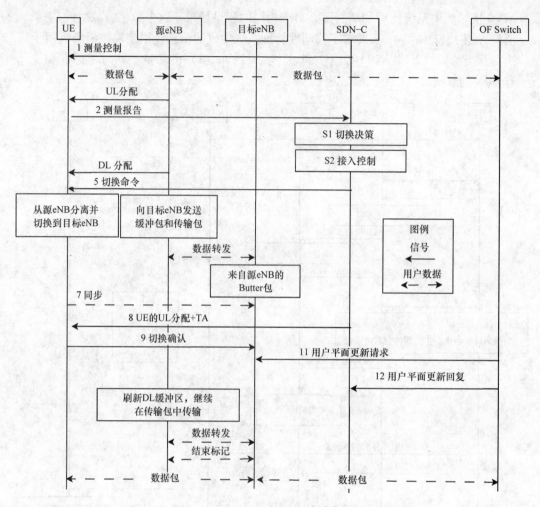

图 4.13 支持 SDN LTE 的移动管理系统生成的消息流框架

如前所述,由于 SDN 包含了一些 802.21 协议组件,且这些组件可以更好地管理网络信息,因而减少消息是很有可能的。此外,SDN 还可以添加其他协议(如 PMIPv6)来聚合其操作,从而更好地管理网络或其他功能中的数据流。但是,这种包含会在添加协议的 SDN 的功能中产生歧义,如图 4.14 所示。因此,组合协议的充分性对于利用这种集成是必要的,如图 4.15 所示。

在文献中,很少有研究利用 SDN 的这一优势来管理车辆网络的移动性。因此,我们将移动性管理工作描述为将无线网络中的应用视为车辆网络中的应用。

由于 SDN 无线网络的选择或切换,在数据包输入事件被触发之前,可以采用主动流管理的方法使 SDN 控制器能够在单独选择的目标交换机上设置流条目。为此,文献 [12] 的作者使用了一个可以预测移动主机下一个联结点的学习组件。该学习组件在 SDN 控件中实现,以主动管理用户的移动性。该方法还使用 Open-

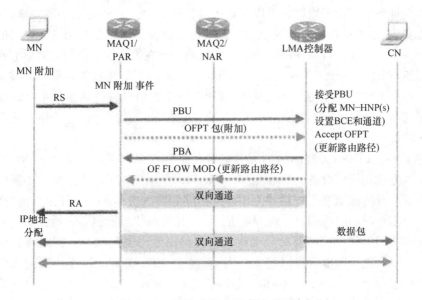

图 4.14　PMIPv6 和 SDN 信令的冗余

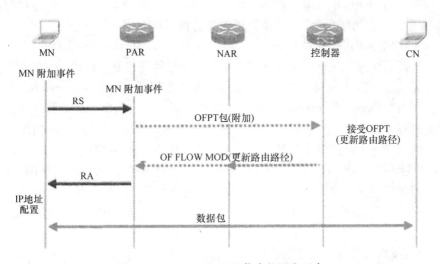

图 4.15　PMIPv6 和 SDN 信令的固定冗余

Flow 作为标准南向协议，从核心网络交换机收集所需的参数值。控制器从核心网络和最后 1km 实体中获取所需的参数值，以计算所提供的网络服务和应用类型的用户满意度（QoE）。因此，主动学习算法识别潜在的下一个联结点（Point of Attachment，PoA）和通向新 PoA 的最佳路径，控制器在交换机上安装相应的流规则。

移动性 SDN（Mobility SDN，M-SDN）是一种基于 SDN 的企业网络移动性管理方案，它减少了由主机发起的第 2 层切换引起的停顿时间。M-SDN 与第 2 层切换并行执行切换准备工作，包括向每个潜在的切换目标进行 n 次活动流转换。通过有效的地址解析和位置跟踪，可以实现切换准备。因此，SDN 既不需要修改主机，也不需要 IP 通道；它使用切换准备来减少由主机发起的第 2 层切换所导致的流暂停时间，该切换准备可以预测即将到来的切换，并在第 2 层切换的同时对潜在的切换目标执行 N – casting。M – SDN 在控制器上指定一个位置服务器和一个移动应用程序，保持 IPMAC 寻址绑定、拓扑信息和设备位置信息进行切换准备，如切换目标投影和 N – casting。这种方法可以处理垂直切换和应用层会话连续性，从而实现服务连续性。

为了实现 LTE 与无线网络的无缝融合，研究者提出了一种基于 SDN 的架构。为此，该方法在用户设备（User Equipment，UE）中集成了一个虚拟的中间件，负责将控制消息传输给网络控制器，并按照相应的命令执行。中间件由三部分组成：代理、数据转发和网络接口。代理负责报告 UE 状态并与控制器交换控制信号；数据转发模块根据来自控制器的规则将数据包路由到不同的接口；网络接口由 LTE 接口、WLAN 接口和虚拟接口组成。当 UE 通过 LTE 或 WLAN 连接到网络时，虚拟接口检索一个 IP 地址，直到 UE 离开网络或空闲时，这个 IP 地址才会更改。由于虚拟接口的 IP 地址保持不变，UE 上的服务可以使用这个接口设置远程服务器连接。因此，当切换被触发时，控制器告诉中间框连接到 WLAN AP，并将新的流表发送给核心网络中的转发设备，将数据包复制到 WLAN 网络。

为了使用分布式移动性管理（Distributed Mobility Management，DMM）在局部和区域上部署快速、灵活、可靠和可扩展的移动性管理机制，设计了一种新的基于 SDN 的架构。该方法依赖于两个主要实体，本地控制器（Local Controller，LC）和区域控制器（Regional Controller，RC），并在两个不同的层次上提供移动性。为了实现这种移动性，该架构包含一些机制来支持域（所谓的区域）内的快速二层移动性。区域是一个孤立的单一技术域，类似于 PMIPv6 的局部移动域。区域由密集的 AP 部署组成，AP 由启用 SDN 互连节点（OpenFlow 交换机）的交换网络连接。一个区域包括至少一个网关（DMM – GW），该网关将该区域连接到互联网，并在区域间移动性解决方案中扮演主要角色。该方法还使用 SDN 来处理区域内的移动性。

4.2.2.4 面临的挑战

本章所述工作的特点和使用的机制见表 4.2，对这些方面的详细说明如下。

表 4.2 基于基础设施处理资源管理器的研究

文献	优点	缺点
Khan 等	可以预测下一个联结点的学习成分	复杂
Chen 等	低延时切换	复杂
Wang 等	UE 中的虚拟中间框	成本和复杂
Sanchez 等	分布式移动管理（DMM）范式	复杂

值得注意的是使用 SDN 的好处：减少了网络中控制消息的数量，简化了车辆移动性管理。此外，SDN 还促进了不同网络技术之间的通信，通过控制器及其交换机在这些技术之间提供了架构。由于 SDN 可以与其他协议集成，它具有更大的灵活性，以及与其他无线网络中已知协议（如 802.21 和 PMIPv6）更大的兼容性。SDN 还支持基于单个服务需求优化路由管理，而不受路由配置的约束。路由管理在移动环境中尤其重要。在移动环境中，终端用户不断地改变他们的位置，带宽需求因发送内容的类型而大不相同，基本的无线覆盖也不统一。此外，SDN 中的流范式特别适合于跨越多种不同技术提供端到端的通信。流可以使用粒度策略来实现适当的流量隔离、服务链接和 QoS 管理。

虽然 SDN 在车辆移动性管理方面具有许多优势，但在规划车联网的移动性管理机制时，仍有一些空白需要考虑。据我们所知，很少有文献研究已经确定了车辆与基站间连接的时间，该时间是 MN 和 AP 的连接时间。此外，考虑车辆的速度和方向以便控制器能够为车辆预测下一个最佳的连接 AP 也很有意思。因此，考虑到车联网的所有特点，对于 Ap 间的延迟仍然缺乏相应的政策。另一个重要的问题是实现这些系统的成本，以及车辆与 MSW 间数据传输的安全性。

4.3 本章小结

在本章中，我们介绍了 V2I 通信的概念，描述了车联网中的移动性管理，阐述了一些用于车联网的传统技术问题。这些问题包括由传统协议生成的控制消息的管理，以及访问点切换决策模型的使用。我们还提出了一种新的技术来管理车辆和 RSU 之间的通信，称为软件定义网络，并说明了在执行移动性管理中使用这种技术的优势。我们还讨论了与此类技术相关的挑战，然后列出并解释了最先进的移动性管理技术。最后，我们探讨了该领域的重大挑战和研究机遇。

参 考 文 献

1. Akan O, Akyildiz I (2004). ATL: an adaptive transport layer suite for next – generation wireless internet. IEEE J Sel Areas Commun, 22 (5): 802 – 817
2. Akyildiz I, Xie J, Mohanty S (2004). A survey of mobility management in next – generation all – ip – based wireless systems. IEEE Wirel Commun, 11 (4): 16 – 28
3. Bernardos CJ (2012). Proxy mobile IPv6 extensions to support flow mobility. draft – ietf – netext – pmipv6 – flowmob – 03
4. Bernardos CJ, Calderon M, Soto I (2012). PMIPv6 and network mobility problem statement. draft – bernardos – netext – pmipv6 – nemo – ps – 02
5. Bizanis N, Kuipers FA (2016). SDN and virtualization solutions for the internet of things: a survey.

IEEE Access, 4: 5591 - 5606

6. Chen C, Lin YT, Yen LH, Chan MC, Tseng CC (2016). Mobility management for low - latency handover in SDN - based enterprise networks. 2016 IEEE wireless communications and networking conference, pp, 1 - 6

7. Choi HY, Min SG, Han YH (201). PMIPv6 - based flow mobility simulation in NS - 3. In: 2011 Fifth international conference on Innovative Mobile and Internet Services in ubiquitous computing (IMIS), pp, 475 - 480

8. Correia S, Boukerche A, Meneguette RI (2017). An architecture for hierarchical softwaredefined vehicular networks. IEEE Commun Mag, 55 (7): 80 - 86

9. Eastwood L, Migaldi S, Xie Q, Gupta V (2008). Mobility using IEEE 802.21 in a heterogeneous IEEE 802.16/802.11 - based, IMT - advanced (4G) network. IEEE Wirel Commun, 15 (2): 26 - 34

10. Fernandes S, Karmouch A (2013). Design and analysis of an IEEE 802.21 - based mobility management architecture: a context - aware approach. Wirel Netw, 19 (2): 187 - 205

11. Gundavelli S, Leung K, Devarapalli V, Chowdhury K, Patil B (2008). Proxy mobile IPv6. http://tools.ietf.org/html/rfc5213

12. Khan MA, Dang XT, Peters S (2016). Preemptive flow management in future SDNized wireless networks. 2016 IEEE 12th international conference on wireless and mobile computing, networking and communications (WiMob), pp, 1 - 8

13. Khattab O, Alani O (2013). Survey on Media Independent Handover (MIH) approaches in heterogeneous wireless networks. IEEE 19th European wireless 2013 (EW 2013), pp, 1 - 5

14. Kim J, Morioka Y, Hagiwara J (2012). An optimized seamless ip flow mobility management architecture for traffic offloading. In: Network Operations and Management Symposium (NOMS), 2012. IEEE, Piscataway, pp, 229 - 236

15. Kolias C, Ahlawat S, Ashton C et al (2013). Openflow - enabled mobile and wireless networks. White Paper

16. Kreutz D, Ramos FM, Verissimo PE, Rothenberg CE, Azodolmolky S, Uhlig S (2015). Software - defined networking: a comprehensive survey. Proc IEEE 103 (1): 14 - 76

17. Ku I, Lu Y, Gerla M, Ongaro F, Gomes R, Cerqueira E (2014). Towards software - defined VANET: architecture and services. 2014 13th annual Mediterranean ad hoc networking workshop (MED - HOC - NET) pp, 103 - 110

18. Kuklinski S, Li Y, Dinh KT (2014). Handover management in SDN - based mobile networks. In: 2014 IEEE Globecom Workshops (GC Wkshps), pp, 194 - 200

19. Lampropoulos G, Salkintzis A, Passas N (2008) Media - independent handover for seamless service provision in heterogeneous networks. IEEE Commun Mag 46 (1): 64 - 71

20. Lara A, Kolasani A, Ramamurthy B (2014) Network innovation using openflow: a survey. IEEE Commun Surv Tutorials, 16 (1): 493 - 512

21. Makaya C, Das S, Lin F (2012). Seamless data offload and flow mobility in vehicular communications networks. In: Wireless Communications and Networking Conference Workshops (WCNCW). IEEE, Piscataway, pp. 338-343
22. McKeown N (2011) How SDN will shape networking
23. McKeown N, Anderson T, Balakrishnan H, Parulkar G, Peterson L, Rexford J, Shenker S, Turner J (2008) Openflow: enabling innovation in campus networks. ACM SIGCOMM Comput Commun Rev 38 (2): 69-74
24. Melia T, Bernardos C, de la Oliva A, Giust F, Calderon M (2011). Ip flow mobility in PMIPv6 based networks: solution design and experimental evaluation. Wirel Pers Commun 61: 603-627
25. Meneguette RI, Bittencourt LF, Madeira ERM (2013). A seamless flow mobility management architecture for vehicular communication networks. J Commun Netw 15 (2): 207-216
26. Márquez-Barja J, Calafate CT, Cano JC, Manzoni P (2011). An overview of vertical handover techniques: algorithms, protocols and tools. Comput Commun, 34 (8): 985-997
27. Nasser N, Hasswa A, Hassanein H (2006). Handoffs in fourth generation heterogeneous networks. IEEE Commun Mag, 44 (10): 96-103
28. Nunes BAA, Mendonca M, Nguyen XN, Obraczka K, Turletti T (2014). A survey of software defined networking: past, present, and future of programmable networks. IEEE Commun Surv Tutorials 16 (3): 1617-1634
29. Pfaff B, Lantz B, Heller B, et al (2012). Openflow switch specification, version 1.3.0. Open Networking Foundation, Menlo Park
30. Qureshi R, Dadej A, Fu Q (2007). Issues in 802.21 mobile node controlled handovers. In: Australasian telecommunication networks and applications conference, 2007, ATNAC 2007, pp. 53-57
31. Sanchez MI, de la Oliva A, Mancuso V (2016). Experimental evaluation of an SDN-based distributed mobility management solution. In: Proceedings of the workshop on mobility in the evolving internet architecture. ACM, New York, pp. 31-36
32. Siddiqui F, Zeadally S (2006). Mobility management across hybrid wireless networks: trends and challenges. Comput Commun 29 (9): 1363-1385
33. Soua R, Kalogeiton E, Manzo G, Duarte JM, Palattella MR, Di Maio A, Braun T, Engel T, Villas LA, Rizzo GA (2017) SDN coordination for CCN and FC content dissemination in VANETs. Springer, Cham, pp. 221-233
34. Tantayakul K, Dhaou R, Paillassa B (2016). Impact of SDN on mobility management. 2016 IEEE 30th international conference on advanced information networking and applications, pp. 260-265
35. Tsirtsis G, Soliman H, Montavont N, Giaretta G, Kuladinithi K (2011). Flow bindings in mobile IPv6 and network mobility (NEMO) basic support. IETF, Fremont; RFC, 6089
36. Wang L, Lu Z, Wen X, Cao G, Xia X, Ma L (2016). An SDN-based seamless convergence

approach of WLAN and LTE networks. In: 2016 IEEE information technology, networking, electronic and automation control conference, pp, 944 – 947

37. Wasserman M, Seite P (2011). Current practices for multiple – interface hosts. IETF, Fremont: RFC 6419

38. Yap KK, Huang TY, Kobayashi M, Yiakoumis Y, McKeown N, Katti S, Parulkar G (2012). Making use of all the networks around us: a case study in android. In: Proceedings of the 2012 ACM SIGCOMM workshop on cellular networks: operations, challenges, and future design. ACM, New York, pp, 19 – 24

# 第 5 章

V2V 通信

车辆之间的通信促进了智能交通系统的发展。车辆通过车车通信来感知城市某些区域的，基于此提供相关服务和应用，监控城市的交通状况。这些应用在车车通信的帮助下能够快速高效地发布与传播交通信息。由于区域内信息与车辆之间的相关性，车车（Vehicle-to-Vehicle，V2V）通信成为数据传输的重要途径。然而，道路上交通流密度的变化、车辆的高速移动性、车辆的停留时间短以及网络拓扑的频繁变化，使得开发一种高效的路由协议或数据传输协议存在一定的困难。本章将结合车联网的特性介绍多种路由协议。

5.1 引言

目前，智能交通系统（Intelligent Transportation System，ITS）的发展催生了各类应用和服务。这些服务和应用的主要功能包括感知城市环境，如交通控制、路况监测，以及帮助驾驶员获取有关交通状况相关信息并以此调整行驶策略的应用，比如改变路线以避开拥塞路段等。这些服务和应用需要路由协议使得车辆捕获的信息可以在网络中传播。因此，数据传输是智能交通中不可或缺的功能，因为某一消息对于区域内的车辆具有重要意义，如有效可靠的数据传输能及时发布碰撞警告从而避免碰撞事件的发生。当消息发送车辆和接收车辆之间的距离大于通信半径时，车车通信显得尤为重要。

然而，由于车辆密度的变化以及车辆的高移动性和短距离通信引起的网络拓扑频繁变化等因素，车载自组织网络（Vehicular Ad Hoc Network，VANET）想要实现数据传输仍面临着一定的挑战。这些挑战限制了现有数据传输协议在移动网络中的使用。因此，我们必须结合车联网的特点设计新的协议。

VANET 中数据传输协议应考虑两个关键问题。一是多车同时广播消息时易发生广播风暴，这将导致高数据流量、网络拥塞和数据包冲突，甚至介质访问控制（Media Access Control，MAC）层的服务中断。二是网络中断，由于区域面（Area of Interest，AOI）内的车辆数量较少，不足以在相邻的车辆之间进行数据传输。在这种情况下，车辆在收到新消息时不知道网络已断开连接，则它只是以广播的方式重新发送消息并依次丢弃该消息。由于发送消息的发送区域内没有其他车辆，该消息被简单地丢弃。车辆之间的稀疏性和随机分布导致网络断开的问题在 VANET 中普遍存在。消息无法在分区之间转发使得数据的有效传输面临着严峻的挑战。

本章描述了在车辆之间实现路由和数据传输的技术和协议。本章的其余部分安排如下：5.2 节描述了车车通信的概念；5.3 节讨论了一些现有的数据传输协议和路由协议；最后，5.4 节对本章进行简要总结。

5.2 车车通信概述

车车通信的目标是通过车辆之间的合作和协调，在不借助基础设施的条件下传播信息。由于车联网的独特特性，即车辆的高移动性和低通信时间，在不影响网络性能的情况下开发通信协议和高效的数据传输成为一个挑战。图 5.1 描述了 V2V 通信场景。

考虑到车联网的特性，并且避免使用重传消息和许多控制消息来使网络过载，路由和数据传输协议必须考虑以下问题：

- 广播风暴：多辆车同时发送消息引起网络中消息泛滥。

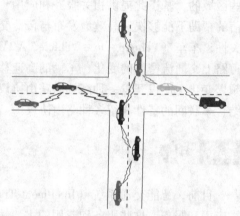

图 5.1　V2V 通信场景（见彩插）

- 网络中断：车辆的移动和通信半径导致网络区域化，车辆不能直接将数据转发给其他车辆。

为了应对这些挑战，必须考虑车辆位置、通信区域和通信时间等。接下来将介绍处理广播风暴和网络中断的相关技术。

5.2.1　网络中断的应对技术

处理网络分区最常用的技术是"存储-携带-转发"。如果在网络中发现分区，则该机制允许参与路由转发的车辆存储信息而不是丢弃数据。图 5.2 描述了三个网络分区。为改进和优化机制，我们使用定时器和控制消息等策略来检测和管理网络分区。

在定时器策略中，由于车辆不知道网络中存在分区，网络断开很难被检测到。为了使数据不因分区而丢失，

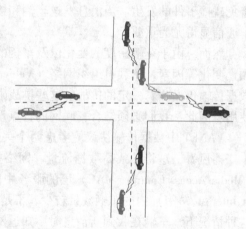

图 5.2　城市环境中的网络分区示例（见彩插）

车辆会不时地尝试在网络中转发消息。但是，这种机制可能给网络带来巨大的开销。减少网络中消息数量的一种解决方案是计算车辆的尝试连接次数并建立有效的连接。因此，通过减少网络中的消息数量可以降低通信成本。然而，限制传输次数没有可参照的有效数值，该值需要在数据丢失和避免在网络中生成不必要的数据之间衡量取舍。

我们考虑使用控制消息时，车辆每隔1s发送信标消息来报告其位置、行驶方向和速度等信息。此消息通常用于检测附近是否存在车辆。因此，如果车辆接收到控制消息，则表明附近有车辆。由于此类信息是在固定的时间段内发送的，可以认为车辆不存在长时间未接收到此类信息的情况，当出现这种情况时可能是因为网络断开或网络分区。

除此之外，控制消息还可用于存储–携带–转发机制，向车辆发布新车辆的出现消息，并允许车辆将该消息转发到目的地。当车辆接收到该控制消息时，它知道附近有车辆可以传播该信息。因此，控制消息广泛应用于存储–携带–转发的信息机制，它可以将信息重新转发到其他车辆。

最后，使用嵌入在路由协议和数据分发协议中的存储–携带–转发机制，可以减少由高移动性和低通信时间所产生的拥塞问题。

5.2.2 广播风暴的应对技术

为实现数据传输和路由，必须进行数据交换，这也是车联网面临的另一个挑战。换句话说，控制消息需要准确地向接收者传递正确的信息，但是当它们以网状方式传输时，很可能导致网络过载。

为了减少路由和传播给定数据所需的消息数量，使用车辆选择机制来重传该信息。机制的选择取决于车辆包络通信范围，该范围内能够转发或路由发送端通信范围内所有车辆的数据、位置和方向。

车辆对路由方式的选择是根据信息的发送方和它附近的车辆情况进行的，选择哪辆车来转发信息则取决于路由协议采用的策略。无论哪种路由形式都可以使用位置和方向信息。

文献［49］中提出的技术是将通信覆盖区域划分为传输区域，称为重传区域。该传输区域内的车辆比重传区域外的车辆更可能重传信息。这种技术常用于城市环境中，无论是在车辆较多的密集环境中，还是在车辆较少的稀疏环境中，都具有良好的性能。图5.3所示为发送方的重传区域范围示意图，该区域内的车辆为数据中继节点。

当我们考虑车辆的位置和方向时，几乎总是用发送方的位置来确定车辆之间的距离。无论离发送方多远的车辆都可用于传递信息。该方法使用信标来捕捉车辆以计算它们的距离，并确定执行重传的车辆。这样的解码可以从发送方开始，即发送方计算到它所有相邻车辆的距离；在它计算并验证哪个车辆最远之后，发送方随后

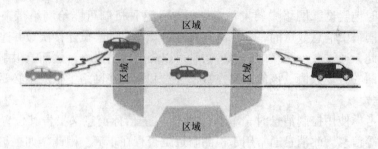

图 5.3 重传区域的网络碎片解决方案（见彩插）

将信息转发给更远的车辆。其他类似的策略采用距离较近、距离中等的车辆。解码器可以负责中继的相邻节点。发送方将数据发送给它的所有邻居和附近的车辆，这些车辆计算出它和发送方之间的距离，以决定是否进行信息的重传。图 5.4 描述了这种技术，将绿色车辆作为发送方，将红色车辆作为重传的车辆即中继节点，将黄色车辆作为目的节点，同时使用了车辆引导机制来提高效率。然而，由于低密度的城市环境中分区率高，这些技术不能很好地发挥作用，需要存储 – 携带 – 转发机制来提高其效率。

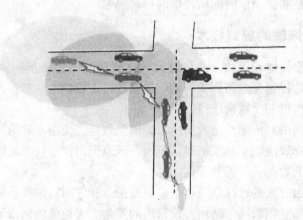

图 5.4 基于车联网络中的位置和方向的路由存储携带转发示例（见彩插）

位置是路由协议中广泛使用的另一个参数。这些协议总是选择距离目的地最近的车辆并在发送方的覆盖范围内进行信息中继。与前面的技术一样，因为需要使用存储 – 携带 – 转发机制或其他车辆搜索引擎来提高该机制的性能，所以并不适用于低密度环境。

选择转发车辆的另一种技术是根据车辆的相邻车辆的数量。发送方将要转发的数据发送到具有更多邻居的车辆，从而增加了信息到达预定目的地的可能性。

这些技术使用信标机制作为虚拟位置、速度和方向的支撑机制。利用该信息，车辆可以计算相邻车辆的数量、车辆之间的距离以及它们之间的连接时间。这些信息都将用于我们之前描述的选择和重传技术。

接下来将介绍车联网中的主要路由和数据传输协议，描述如何高效地执行数据路由和传输，而不会给网络带来不必要的信息或大量控制消息的路由协议。

5.3 路由和数据传输协议

目前，已有部分通信协议支持车联网的应用和服务，旨在实现延迟、数据包丢失和控制消息的最小化以及网络吞吐量的最大化。

在车联网中，路由和数据传输协议的分类方法有很多种。我们采用了以下分类：Ad Hoc 协议、基于地理位置的协议、基于簇的协议、基于广播的协议、多播协议和地理多播协议。

5.3.1 Ad Hoc 协议

这类协议基于网络拓扑，由网络中车辆的分布以及车辆之间现有链路的信息确定。这类路由协议可以细分为三个子类：

- 先应式协议：信息存储在每辆车的表单中。该表由所有车辆共享，为保证表中的信息一致，如果该表中的任何值发生更改，则需通过网络发送更新后的数据。因此，这些更新会消耗一部分网络带宽。此外，这些协议在高移动性场景中可能效率低下，因为频繁更改网络拓扑结构会导致更新消息的数量增加。此类协议包括优化链路状态路由（Optimized Link State Routing，OLSR）协议、无线路由协议和基于反向路径转发的拓扑分发（Topology Dissemination Based on Reverse – Path Forwarding，TBRPF）协议。

- 反应式协议：车辆没有路由表，因此必须在有消息请求时找到路由。协议只在源节点希望将数据发送到目的地时创建路由。找到源 – 目标路由后，源将使用该协议。这些反应式协议使用泛洪来建立路由，而广播风暴以及相关车辆生成的路由数量可能会产生大量开销。此类协议包括主动 Ad Hoc 按需距离矢量（Proactive Ad Hoc On – Demand Distance Vector，Pro – AODV）路由、动态源路由（Dynamic Source Routing，DSR）和 AODV + 首选组广播（AODV + Preferred Group Broadcasting，PGB）。

- 混合协议：先应式协议和反应式协议混合可以减少两种协议引起的消息量，并降低由先应式协议创建路由引起的网络延迟，从而提高路由协议的效率。为此，这些协议将车辆分成不同的区域，以提高发现和维护路由的时间。与其他协议类别一样，此类别不适用于具有高移动性或网络拓扑频繁变化的场景。因此，它们的性能与车联网无关。这种协议的一个例子是混合 Ad Hoc 路由协议（Hybrid Ad Hoc Routing Protocol，HARP）。

大多数面向无线网络的 Ad Hoc 协议在一开始是由网络运营商使用。然而，由于网络的不同特征,这些协议并不适用。大多数 Ad Hoc 协议,如 AODV 和 DSR,由于具有较低的通信吞吐量,因而受到节点移动的动态性影响。在 Wang 等人的工作中,AODV 协议在 6 辆车的实车试验中进行了评估,每辆车都有一台国际商业机器公司(IBM)的 A 型笔记本计算机和 IEEE 802.11b NIC PCMCIA 卡。结果表明,AODV 协议在车联网中无法快速查找、维护和更新长距离路由。由于路由错误过多,导致数据包丢失较大,使得建立 TCP 连接非常困难。因此,研究人员在 Ad Hoc 协议基础上进行了修改,使其能够处理具有动态拓扑以及高移动性的场景。接下来我们将介绍一些 Ad Hoc 路由协议。

无线网络中常用的协议之一是 OLSR 协议。它属于先应式协议,定期与节点交换关于网络的信息,以不断更新其路由表。该协议基于链路状态,主要功能是限制转发链路状态的网络节点数量,以消除冗余消息。为此,OLSR 协议使用了多点中继(Multipoint Relay,MPR)技术。

OLSR 限制了传递信息的车辆数量。其工作原理如下:在网络中,选择一些车辆称为 MPR(MPR 的选择是通过其一跳相邻节点的共识来实现的)。因此,当网络上的信息需要更新时,车辆发送的数据包会到达其所有邻居。但是,只有 MPR 能够中继信息。该过程会随着下一个节点接收数据包而重复。这样,每辆车只接收一次信息,所有车辆不可以多次收到数据包。OLSR 协议是一种更有条理、更高效的管理车辆之间的控制数据包流量的方法,而且它总是寻找最短的路由。然而在每个车辆中保持更新的路由表将会导致在网络中生成大量控制消息。

TBRPF 协议是一种基于链路状态的先应式路由协议,适用于 Ad Hoc 无线网络。在该协议中,每个车辆都根据缓存在拓扑表中的局部网络拓扑来计算源树,并使用改进后的 Dijkstra 算法为所有可到达的车辆提供最短路由。为了最小化网络中的消息数量,每个车辆通过源树发送到它的邻居。

因此,TBRPF 周期性发送更新消息,使其所有邻居获得其源树的一部分。此外,在此协议中,发现邻居的功能由 Hello 消息执行,该消息只报告路径状态的更改,因此其消息长度比其他链路状态路由协议要小得多,如 Open Shortest Path First,此协议用一定数量的消息来保证源树是最新的。

Namboodiri 等人考虑了具有网关的车辆路由,在仿真中使用了高速公路的场景,除了速度和位置等节点信息外,还预测了链路的寿命。基于预测所开发的协议可以降低路由频繁中断所带来的影响。其中一个协议是 PRAODV,它在估计链路使用寿命之前构造了一个新的备选路由;另一个协议——PRAODV-M 在多个路由选项中选择预测使用寿命较长的路径,而不是选择 AODV 和 PRAODV 中的最短路径。仿真结果表明,该方法虽然提高了数据包发送速度,但它依赖于预测方法的准确性。

文献[34]提出了基于 AODV 协议路由的改进协议 PGB,可以降低因路由发现机制产生的网络开销。为此,该协议用在作为无线主机运行的车辆上。此外,根据 PGB 使用信号强度可以决定哪些车辆将转发信息，而最终只选择一辆车来执行重传。

然而，PGB 协议仍存在一定的缺陷，比如由于分组的创建和中继的选择，需要花费更多的时间进行路由检测。由于中继组中没有车辆，数据包可能被丢弃。为了解决这个问题，文献［34］提出了数据包复制，保证了两个重传组节点可以同时重传，从而产生与 DSR 协议相同的开销。

Harp 结合了反应式和先应式机制，并根据车辆的位置，将 HARP 分为两个类别，即区域内和区域间。区域内路由使用先应式机制，而区域间路由使用反应式机制。在该协议中，每辆车只保留位于同一区域或相邻区域的车辆的信息。

HARP 使用分布式动态路由（Distributed Dynamic Routing，DDR）来创建域，在使用先应式机制时管理网络拓扑。HARP 还有一种发现和维护路由的机制，以满足应用程序的需求。在路由生成和选择方面，HARP 在文献［46］的基础上，根据车辆所处的区域对车辆进行了区分，从而减少了传输信息所使用的带宽和所消耗的能量。

5.3.2 基于地理位置的协议

基于位置的路由使用从城市地图、交通模式或车载导航系统获得的地理信息。因此，车辆通过位置信息知道自己以及周围的车辆的位置，利用定位信息来决定转发信息的时间。根据 Li 和 Wang 的研究，这种路由模型被认为是 VANET 最有前景的路由模式。

这类路由协议可能会使用存储-携带-转发机制来处理更分散的城市环境，比如网络中频繁断开连接的环境。此外，基于位置的协议可以用作信标，帮助捕获位置、方向和速度信息。

由于城市道路上的车辆比其他道路车辆更集中，在城市场景中使用基于地理位置的协议面临着巨大的挑战。此外，它们的移动性受到道路模式和建筑等障碍物的限制，可能导致与网络断开连接。下面将介绍基于车辆位置的路由协议。

贪婪周边无状态路由（Greedy Perimeter Stateless Routing，GPSR）协议是最著名的基于地理位置的路由协议之一。在 GPSR 协议中，源节点知道目标节点的位置，而且每个节点拥有其邻居节点当前的位置信息（通过信标过程获得），所有数据包都包含目的节点的位置。因此，当节点接收到数据包时，它可以通过发送数据包直到它到达其目的地来做出最佳决策。

该协议使用两种数据传输方法（图 5.5）：

• 贪婪转发。原始节点总是在自己的邻居节点中寻找距离目的节点最近的节点，而不考虑通信中的下一跳。为此，协议不使用直接相邻节点的定位信息。

• 周边转发。如果没有相邻节点靠近接收方，则 GPSR 激活周边路由模式，通过靠近接收方的邻居节点来执行路由。如果没有很近的节点，则节点将消息发送

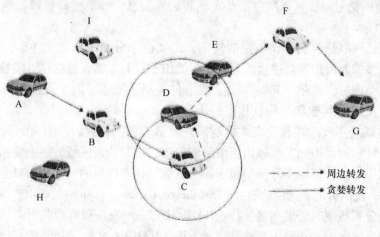

图 5.5 GPSR 协议

到离目标节点很远的节点，直到找到另一个离目标节点很近的节点，返回贪婪转发模式。

图 5.5 描述了 GPSR 协议的过程。车辆或节点 A 想要发送数据给节点 G。节点 A 将数据包发送给距离目的节点 G 最近的邻居节点 B。同样地，B 将数据包转发给 C 节点，C 在收到数据包后验证其没有合适的邻居节点，则启动周边模式并将数据发送给 D 节点，D 同样使用周边模式将数据发送给 E。而 D 发现了比 C 更靠近 G 的节点，于是再次使用贪婪转发将数据发送给 G。

该协议并不适用真实的城市道路中，因为贪婪路由可能由于缺少附近车辆而失败。如果贪婪机制失败，则 GPSR 协议使用恢复模式，该模式使用扩展路由到达目的地，但这增加了发送信息的延迟。由于 GPSR 无状态的性质，文献 [42] 中还对协议做出了改进。研究人员还使用了导航系统中的数字地图来计算从源到目的地的路由。

Lochert 等人提出了需由城市街道地图辅助的地理源路由（Geographic Source Routing，GSR）协议。GSR 使用反应式位置服务到达目的地。该算法需要街道的静态地图提供城市全局拓扑结构。给定此信息，发送方确定数据包必须经过的节点，并使用 Dijkstra 最短路径算法对其进行遍历。节点之间的传输是通过定位模型完成的，该模型将地理路由与城市街道拓扑知识相结合。仿真结果表明，与 AOVD 和 DSR 协议相比，GSR 具有更好的平均消息传递速率、更低的总带宽消耗和延迟。

Lochert 等人提出了 GPSR 的改进协议，即贪婪周边协调路由（Greedy Perimeter Coordinator Routing，GPCR）协议，其不需要任何路由或地图的协助。它利用了以下事实：在道路交叉口处的节点处在一个自然的平面图上。这些节点是数据包转发方向的决策者。该协议不是跨越交叉口节点到达距离接收者最近的节点，而是将消息发送到交叉口节点，该节点被称为协调器。图 5.6a 描述了这种策略。如果我们使用贪婪算法，节点 S 会将消息发送给节点 N1。但是，使用文中使用的模型，节点 S 将消息发送到节点 C1。

除了使用贪婪算法之外，当出现局部最小值时，该方案还使用了修复策略。如果一个节点没有更接近目的地的邻居节点，修复策略会在每个路口决定数据分组可以传输的下一条街道（右手法则），并在路口之间使用贪婪路由，以找到街道之间的下一个路口。图 5.6b 展示了使用右手法则来决定分组可以继续在哪条街上使用修复策略的示例。以德国柏林市拓扑为例，Lochert 等人在 NS-2 中进行了仿真。结果表明，GPCR 比 GPSR 投递率更高，但这一性能的提高是以更高的跳数和轻微的时延增加为代价的。

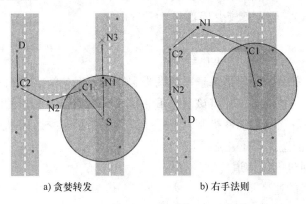

a) 贪婪转发　　　　　b) 右手法则

图 5.6　GPCR 协议

文献 [23] 中提出了一种基于锚点的街道和流量感知路由（Anchor-based Street and Traffic-Aware Routing，A-STAR）协议。该方案使用街道地图来计算交叉口序列，这里称为锚点，数据包必须通过锚点才能被发送到它的目标接收方。与 GSR 不同，该解决方案根据交通状况来计算锚点，通过使用统计地图（计算城市公交线路的数量来确定最佳锚点）和动态地图（实时的交通状况的动态监测）来识别分组到达接收者的路由。另一个不同之处是局部恢复策略。为了防止其他数据包通过空白区域，当陷入局部最优时，该街道将标记为"服务中断"。"服务中断"的道路不会被用来计算锚点。在一段时间之后，道路进入"运行"状态才可以参与计算。与 GSR 和 GPSR 相比，该方案具有更好的性能，它可以挑选出具有更高连接率的数据包传输路由。

基于网格的预测地理路由协议（Grid-based Predictive Geographical Routing，GPGR）使用地图信息来创建道路网格，并预测该道路网格上车辆的移动。GPGR 使用车辆的移动信息从网络中获取路由信息，例如其在网格序列中的位置、方向和速度。

因此，GPGR 使用地图信息来构建道路的拓扑结构，用于在车辆之间路由消息。该方法假定车辆具有提供其位置的 GPS 和提供道路信息的数字地图。

GPGR 将地图划分为一个二维逻辑网格。网格编号为 (x, y)，其中 x 和 y 为直角坐标，每个网格是大小为 $d \times d$ 的序列区域，如图 5.7 所示。给定车辆的位置，就可以在网格中定义其位置。每辆车都有一个通信半径 r，每个网格都有一个大小，定义 $d = r/2\sqrt{2}$。因此，位于网格上某个位置的车辆能够将数据传输到它的 8 个相邻网格中的任何车辆。基于道路拓扑结构，该协议可以通过选择重发车辆来减少局部极大值和链路故障。

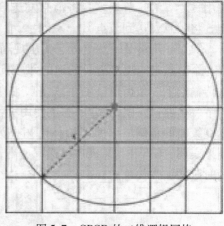

图 5.7　GPGR 的二维逻辑网格

车辆辅助数据传输（Vehicle – Assisted Data Delivery，VADD）协议是基于车辆携带和转发数据包的。在此协议中，车辆在没有路由时保留一条消息，并将该消息重新传输到新的移动车辆的附近。VADD 在车联网中使用了可预测移动性机制，但它受到道路布局和交通模式的限制。

VADD 协议需遵循以下几点原则：
- 尽可能通过无线信道传输。
- 被选街道的速度最快。
- 路径的选择将通过数据包转发过程持续执行。

因此，车辆在道路交叉口可能会发生转弯，然后沿着下一条路径行驶，数据包的传输延迟可以忽略不计。根据数据包载体的位置，在三种数据包转发模式（交叉口、直道和目的地）中选择最佳数据包路由，如图 5.8 所示。通过在这些数据包转发模式之间切换，数据包载体选择了最佳的数据包转发路径。因为车辆在交叉口有更多的选择，所以交叉口模式也是最关键和最复杂的。

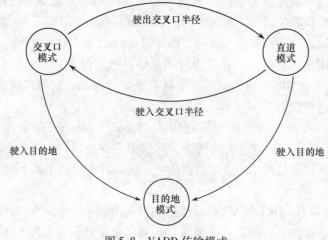

图 5.8　VADD 传输模式

基于竞争的转发（Contention-Based Forwarding，CBF）的路由协议，不使用控制消息来从邻近车辆中提取信息。因此，这种路由协议减少了在网络中发送的消息数量和使用的带宽。CBF 使用邻居之间的直接通信，并且只选择一个车辆来路由消息。它采用分布式计时器竞争机制。该过程通过计算接收方和刚接收到呼叫的车辆之间的距离，选择跳数最少、距离最小的一个重新发送。

CBF 消除了信标消息所带来的网络开销，还避免了控制消息的过载，从而减少了消息集合的数量。该协议仅适用于高速公路环境，但在城市环境中，车辆之间的距离可能会频繁出现局部最大值，使得创建路由较为困难。

基于地理位置的混合延迟容忍路由协议（GeoDTN + Nav）结合了 DTN 与非 DTN 路由协议。与 GPSR 一样，它使用贪婪模式、周边模式和 DTN 模块。因此，该协议可以根据数据包跳数、消息传递质量和接收方相邻车辆的方向，将其操作模式从非 DTN 模式修改为 DTN 模式。DTN 模块具有存储-携带-转发机制，即使在网络分区时也可以传递信息。如果没有重新传输的车辆，则恢复模式失败，将触发此模块。

信息传输的质量可以通过虚拟导航接口（Virtual Navigation Interface，VNI）获得，该接口使用来自其他设备的信息，比如导航系统和事件数据记录器（Event Data Recorder，EDR）等。这些设备提供与协议相关的信息来确定特定信息遵循的路由。结果表明，由于使用了存储-携带-转发机制，该方法的性能优于 GPSR 和 GPCR。

5.3.3 基于簇的协议

在基于簇的路由协议中，通过提供更大可扩展性的簇在车辆之间创建虚拟网络基础设施。图 5.9 说明了 VANET 中基于簇的路由模型。每个簇可以有一个簇头，负责网络中簇内和簇间的协调，并具有管理功能。簇中的节点通过直接连接进行通信，簇间通过簇头来通信。簇头能够选择车辆来执行网关的功能，并在簇间进行通信。由于在高速公路上，车辆可以自然地形成簇。因此，这类协议适用于当前的网络场景。

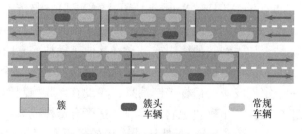

图 5.9 基于簇的路由模型

然而，如何选择簇头和簇网关也是这类路由协议所需解决的问题。由于车辆具有高移动性,在城市环境中簇头的改变概率非常高,需要更多的时间来选择这些车辆。此外,这些簇的形成和维护可能需要大量的控制消息。下面是一些基于簇的路由协议。

Santos 等人提出了一种基于局部的反应式路由算法,称为 LORA_CBF。该算法可以作为簇在 VANET 中执行泛洪的基础。每个节点可以是簇头、网关或簇成员。每个簇只有一个簇头。如果一个节点连接到多个簇,就称为网关。簇头存储其成员和网关的信息。数据包通过类似于贪婪机制的路由协议从源传输到接收方。如果目标位置不可用,则源发送位置请求(Location Request,LREQ)包。这个过程类似于 AODV 路由的发现阶段,但是只有簇和网关发送 LREQ 和 LREP(位置响应)消息。图 5.10 描述了该协议的架构。在试验中,相关学者对 AODV 和 DSR 协议与城市环境和高速公路上的 LORA_CBF 协议进行了比较。结果表明,网络的移动性及其规模对 LORA_CBF 协议的影响要小于 AODV 和 DSR 协议。

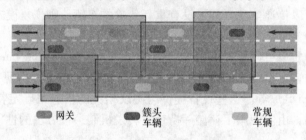

图 5.10　LORA_CBF 协议

基于移动区域(Moving Zone – Based,MoZo)的路由协议由多个移动区域组成,每个区域由车辆移动模式形成。每个区域需选出一名队长,负责管理并收集在其区域内行驶的车辆成员的详细信息。当车辆启动协议时,将建立移动区域。它首先启动连接程序来检查附近可能的移动区域,或者形成自己的移动区域。区域设置将基于车辆运动的相似性,每个区域的队长都维护移动对象索引,用于管理其所有成员车辆的最新信息。

Vodopivec 等人提出了车载 Ad Hoc 网络的多宿主聚类算法(Multihoming Clustering Algorithm for Vehicular Ad Hoc Network,MCAVANET)。与传统协议不同,车辆不是从未知状态开始,然后创建或者参与到某些簇。该方案中,假设车辆是所在簇的簇头,然后决定是否加入到其他簇中或者允许其他车辆加入它的簇。该决定是基于每个车辆中存储的 8 位计数器。计数器将对从邻居接收到的每个 Hello 消息进行递增,该消息是一个定期发送的信标控制消息,在没有接收控制消息的时间段过期时,计数器将减半。因此,车辆决定它们的邻居是否有资格成为独立于其他节点的簇头。这个过程不需要 GPS 数据,而是估计连接的接近程度,对于城市环境,该协议并不精确。此外,车辆可以访问多个簇头也造成了路由冗余的问题。

5.3.4 基于广播的协议

广播路由协议在 VANET 中有着广泛的应用,比如在一定地域范围内的车辆之间传输该地区的交通信息、天气状况和道路状况等。

广播是在车载自组织网络中经常用到的方法,比如车辆之间交换交通信息、道路状况等。比较常见的广播服务是泛洪,即节点把消息向周围邻居节点扩散出去。泛洪在规模较小的网络很容易实现,但是当节点数目增加时,泛洪的性能会快速下降,而且会引起广播风暴,造成传输时间不收敛,数据包传输效率急剧减少,大量消耗有限的带宽等。

对此,Durresi 等人提出了一种基于高速公路车联网分层紧急广播协议(BROADCOMM)。在 BROADCOMM 算法中,高速公路上行驶的车辆节点被分为两层,底层由集群所有节点构成,高层由底层选出的放置在集群中部的反射器组成。在车联网数据包传输的整个过程中,反射器作为数据包传输的中间节点处理来自邻居节点的消息,并计算出当前数据包的下一条节点。在传输时延和传输效率上,BROADCOMM 协议相比于简单的泛洪协议有较大幅度的改善,但由于 BROAD-COMM 在设计之初就是面向高速公路的路网结构,因此其适用性较差。

为了克服多跳广播消息中存在的干扰、数据包冲突和隐藏节点问题,文献[19]提出了城市多跳广播(Urban Multi – hop Broadcast, UMB)路由协议。在 UMB 中,源节点试图通过定向广播并使数据包在没有任何拓扑先验知识的情况下识别包以选择最远的节点。在十字路口安装中继器,并向不同路段上的所有邻居节点发送数据包。尽管在网络中存在数据包开销、车辆流量密集等问题,UMB 协议与采用 IEEE 802.11 标准来避免数据包转发过程中发生冲突的 802.11 距离协议和 802.11 随机协议相比,仍具有较高的成功率。

PREDAT 路由协议旨在不影响覆盖范围的情况下减少重传次数。该算法利用了两种机制,一种是避免广播风暴,另一种是在网络分区间以低成本、低延迟、高覆盖率的方式最大限度地提高数据传输能力。第一种机制定义了优先区域,该区域为执行重传的车辆分配优先级。在该区域内的车辆具有更高的重传优先级。第二种机制是一种自动化技术,当网络中存在分区时,它模拟存储 – 携带 – 转发的功能。例如,车辆在其传输效率较低时或者数据包的数量超过某个阈值时存储数据。除此之外,传输效率还有助于决定是否中继信息。接下来将介绍每种机制的特性。

优先区域的目的是消除广播风暴,因为在优先区域内的车辆以最少的延迟传输数据包,并终止不在优先区域内的车辆传输相同数据包。在优先区域内的车辆中,距离发送车辆最远的车辆首先发送并终止相邻车辆的预定发送。如果优先区域内没有车辆,则距离每个象限最远的车辆重新传输信息。为了简单起见,通信区域的形状被认为是圆形的,其中传输车辆位于圆形的中心。通信区域被分成四个象限,在每个象限中,象限的子区域被定义为一个优先区域。通过优先区域,我们可以防止相同的信息从相邻且属于不同象限的车辆中传输，从而避免了信息到达相似区域的冗余现象。

尽管上述机制降低了广播风暴的影响，但网络中的分区问题尚未解决。为此，我们使用了可以自动计算车辆传输信息概率的方法。该方法基于每辆车当前的传输效率和车辆的地理位置，其中效率是传输的数据包数与接收到的信标数之比。

传输效率是用来控制每辆车的传输。如果效率低于阈值，车辆就重新传输数据；如果高于阈值，则车辆不传输数据。传输效率是周期性计算，也就是每隔一段时间需要检查车辆的数据传输效率。

$$传输效率 = 发送数据包数量/接收到的信标数量 \tag{5.1}$$

除了传输效率外，影响信息传输的另一个因素是信息的生命周期。基于这种机制，当传输效率超过阈值或达到其他参数之一时，才允许传递信息，否则车辆处于存储信息状态。

因此，希望传输数据的车辆将数据包传输给所有相邻车辆。收到数据包后，每辆车都要检查数据包是否在 AOI 范围内。如果不满足此条件，则车辆丢弃接收到的数据包。否则，车辆计算等待时间并安排数据包的重传。如果车辆收到一些重复的包，则取消包的重传。

车辆根据是否有信标来检测网络中的分区，并且等待接收新的信标来继续数据传输过程。例如，假设源车辆（S）和另一个车辆（A）属于一个分区（P1），而 AOI 的其余车辆位于网络的第二个分区（P2）中。在本例中，S 和 A 并不会检测到网络中的分区，因为 S 接收 A 的信标，而 A 接收 S 的信标，所以 S 和 A 都没有感知到网络中的任何分区。但是，如果 S 或 A 从 P2 分区中的车辆接收到信标，这些车辆就会恢复传输过程，并根据传输效率检查它们是否能够传输数据。传输效率阈值小于 50% 表明车辆具有传输能力。此外，接收信标的车辆还检查发送车辆是否在 AOI 内，以及是否已经接收到正在公开的信息。如果车辆在 AOI 范围，但还没有收到该信息，则拥有该信息的车辆进行披露。否则，信息就不会传播。该协议使用跳数来限制信息的传输量。

Tonguz 等人提出了分布式车载广播（Distributed Vehicular Broadcast，DV - CAST）协议，该协议解决了广播风暴和网络分区两个问题，通过使用周期性信标创建本地拓扑（单跳邻居）来中继消息。DV - CAST 适用于密集网络和稀疏网络。在数据传输过程中，如果局部拓扑的连通性较高，则接收机采用传输抑制算法。在低密度区域，则采用存储 - 携带 - 转发机制。然而，在高移动性的情况下，DV - CAST 的性能取决于信标的频率，而信标的理想值很难确定。

Schwartz 等人提出了一种简单而健壮的传输协议（Simple and Robust Dissemination，SRD），该协议是对 DV - CAST 的改进，同样适用于密集与稀疏两种网络环境。与 DV - CAST 一样，SRD 只依赖于本地邻居的跳转信息，不使用基础设施。该协议主要的改进是提出了优化广播抑制技术。车辆根据行驶方向有不同的重发优先级。SRD 避免了密集网络中的广播风暴问题，还使用了存储-携带-转发模型处理断开的网络。

混合数据传输协议（Hybrid data dissemination，HyDi）是由 Maia 等人提出的，它是一种用于道路场景的数据传输协议。HyDi 使用了车辆运动的方向以及车辆数据需要遵循的方向，即信息传播的方向。当网络通过基于发送方和接收方的方法很好地连接时，该协议可以处理广播风暴。

使用基于发送方的机制，车辆首先选择一个中继器。而基于接收方的机制，接收方中的某一辆车负责转发，收到的消息将稍后发送。如果没有其他车辆来传递消息，该车辆将保留该消息，直到发现新的连接来实现转发。新连接可以将消息返回到其预先识别的路由车辆。之后，车辆就会发送信息。文献［26］给出的试验结果表明，HyDi 具有良好的性能，但并未城市环境中进行测试。

5.3.5 多播协议

多播协议的目标是将数据传输给一组车辆，一辆车可以向几辆车发送特定的信息。这类协议多应用于网络拓扑结构稳定的场景，相比于车辆网络变化较小。为了在城市环境中有效地应用这些协议，保持链接信息的更新，必须对这些协议进行修改。由于多播协议允许多个成员接收到数据，这也为车联网提供了更有效的路由方案。

为了在发送数据的车辆和接收数据的车辆组之间建立连接，这些协议可以使用树结构或网格来管理接收数据的多播组。

基于树的协议创建并维护接收信息的车辆的共享树。在车辆移动性高的城市环境中，该方案的性能较差，它会生成大量控制消息来维护和重建该树。

基于网格的协议需要创建一个包含特定多播组中所有连接的车辆的网格。下面介绍几种多播路由协议。

MAODV 协议由 AODV 协议发展而来，每个多播组维护一个共享树，使用广播按需查找路由并构建树。第一个多播组节点成为组长，组长负责维护多播组的序列号并将序列号广播给所有成员。根据图 5.11，一个想要加入多播组的节点发送一个广播请求（RREQ）。此消息将广播到所有中间节点，直到找到树中的节点为止。然后，此节点通过反向路径向请求节点发送单播请求响应（RREP）。请求节点接收到多个 RREP 消息，在收到的多个 RREP 分组中选择最短（基于跳数）、最新（基于序列号）的一条路径，并发送 MACT 消息激活这条路径。整个中间节点是一个转发节点。

如果信息显示多播组中还有一个成员以及其他路由节点，则更新路由表，这样便保证了树中的任意一对节点之间只有一条路径。当故障发生时，必须再次执行路由发现过程。如果一个节点想离开多播组且没有子节点，那么它可以退出。如果它有子节点，则可以离开多播组但不能离开多播树，因为它必须将消息转发给子

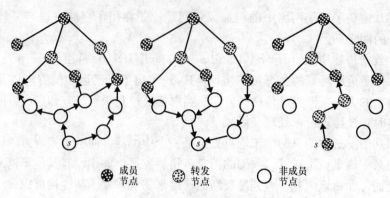

○ 成员节点　● 转发节点　○ 非成员节点

图 5.11　MAODV 协议

节点。

基于 VANET 的蚁群优化机制的多播 MAODV 协议（MAV-AODV）是一种使用 MAODV 原理在 VANET 中进行多播路由的协议。该协议使用车辆移动信息来提升 VANET 中多播路由的稳定性，使用基于蚁群优化机制来优化多播树的建立和维护。协议消息充当生物激励剂（蚂蚁），累积信息素以评估每条路线的吸引力。

MAV-AODV 使用信标来获取有关车辆速度、方向和定位的信息。将信标看作是调度员，它可以通知一些可能会知道其他车辆的邻居。当车辆接收到一个链接时，计算车辆之间链接的大概时间。车辆将计算得到的值存储在其路由表中。通过使用车辆移动信息，MAV-AODV 协议定义了形成多播树请求路由的方法。

对于路由请求，协议主要使用两种消息：路由请求消息（AntRREQ-J）和应答消息（Ant-RREP）。路由请求具有蚂蚁的功能，在网络路径中搜索希望加入多播组的成员。路由请求消息通过广播发送，每个 Ant-RREP 消息由到目标节点的跳数和链接的生存周期组成。链接的生命周期通过信标消息计算，并不断更新。

Ant-RREP 消息除了作为响应消息，它还可以充当蚂蚁，找到多播树的成员后，在返回请求车辆的路上存储信息素。因此，当车辆接收到 Ant-RREQ 消息时，如果它有一条到多播阵列的路由，并且它注册的序列号大于或等于 Ant-RREQ-J 中包含的编号，那么车辆可能会响应，同时该车辆需增加表中的跳转次数。

在生成响应消息之前，车辆需要检查生命周期和跳数，这些值将用于计算路线上的信息素。信息素的定义为

$$信息素(p) = 生命周期(p)/跳数(p) \tag{5.2}$$

式中，p 是蚂蚁的路径（route）。

更新此值并放在回复消息中的信息素字段中。在执行所有计算之后，消息将通过单播发送给请求者。

图 5.12 说明了 RREP（表示为蚂蚁）到源节点的路径。RREP 将信息素（p）值存储在嵌套的多播路由表（信息素字段）中，直到返回源节点。

当沿着到源节点的路径上的节点第一次接收到 RREP 时,在多播路由表中向接收 RREP 的节点添加一个条目,从而创建路由路径。这些中间节点也可以为给定的对(源 - 目的地)接收多个 RREP。在本例中,MAV - AODV 通过分析参数来检查 RREP 的路由是否有效且是最新的。如果是,则 MAV - AODV 将会在多播路由表中存储的 RREP 和刚到达中间节点的 RREP 之间进行选择。

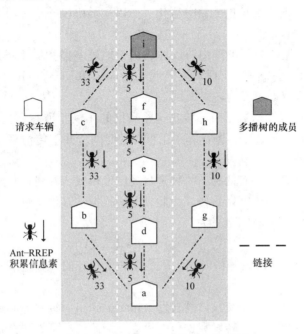

图 5.12　MAV - AODV 路由应答示例

这种概率选择的过程通过轮盘赌机制进行。每个 RREP 都存储有一定数量的信息素。已经在多播路由表中的 RREP(称为 RREPolder)将大量信息素存在路由表中,我们将其称为信息素表。刚刚到达的 RREP(RREPnewer)在信息素字段(称为信息素包)中的消息中也存储了大量信息素。

刚到达的 RREP 含有更多的信息素,被选中的可能性也更大。如果选择了这个 RREP,则必须更新多播路由表,并且该 RREP 将继续路由到源节点。否则,路由表将保持不变,稍后到达的 RREP 将被丢弃。

此外,如果有多个 RREP 到达源节点,则对每个到达的新 RREP 重复此选择过程,直到达到时间限制。在时间限制结束后,将触发路由激活机制,由选中的 Ant - RREP 通过所选路径发送一条激活消息。被选概率最高的路由即为组播树的新路由,在图 5.12 中即为 a - b - c - i。

5.3.6　地理多播协议

地理多播协议的目的是将消息从一个源车辆发送到相关区域内(Zone of Relevance，ZOR）的所有节点车辆。该区域以外的车辆不会收到预警信息，从而避免了不必要的信息发送。ZOR 也可以定义为一个地理区域，在该区域的车辆可以接收正在排序的数据。

地理多播可以定义为地理区域并且实现地理多播。大多数用于地理多播的方法都是基于定向泛洪，通过只在相关区域发生泛洪来限制网络上消息的开销。由于低密度的城市环境呈现出高度的网络分区化，所以这类协议并不适用上述场景。下面将介绍几种路由协议。

UGAD 是一种基于延迟的路由协议，适用于地理多播和城市场景。与 Mobicast 协议一样，车辆也选择一个地理多播区域（Geocast Region，GR）。其中，比发送方更接近 GR 的区域被定义为转发区域。

因此，当发送方发送数据时，接收这些数据的车辆验证它们是否在转发区域。如果车辆在转发区或 GR 中，则计算消息重传的时间，并重传消息。如果车辆收到重复的数据包，则取消重新发送。

重传时间的计算方法有两种，一种是贪婪转发模式，其目标是最大限度地提高每一跳的传输增益，减少冗余重传。为此，车辆根据从其他车辆接收到的数据包计算回退时间。这个回退时间定义为

$$T_{GF\_i} = T_{max\_R}(R - d_{i,j}/R) \tag{5.3}$$

式中，T_{max} 是接收方的最大等待时间；R 是每辆车共有的传输范围；d 是车辆之间的距离。

另一种计算方法是基于交叉口的转发（Intersection-based Forwarding，IF），其目的是最大化车辆在交叉口转发数据包的机会。为此，尽可能选择十字路口的车辆来重新传输数据。IF 是根据车辆从另一车辆接收数据的等待时间计算的，被定义为

$$T_{IF\_i} = \begin{cases} T_{max\_i} \dfrac{R - d_{i,j}}{R} & (交叉口车辆) \\ T_{max\_R} + T_{max\_i} \dfrac{R - d_{i,j}}{R} & (其他车辆) \end{cases} \tag{5.4}$$

式中，T_{max_i} 是交叉口车辆的最大等待时间；T_{max_R} 是道路上其他车辆的最大等待时间；R 和 d 与式（5.3）中的含义一致。

与远离十字路口的车辆相比，该方案更倾向于十字路口的车辆执行重传。

图 5.13 描述了 UGAD 的运行情况。当车辆 S 要传输数据时，它会在网络中传播信息。接收信息的车辆需计算它们的等待时间。交叉口的车辆 A、B 和 C 的等待时间较短，因此执行重发的可能性较大。同时，还需要根据车辆与发送方之间的距离来计算等待时间，时间最短的车辆执行重传操作。因此，车辆 B 转发了数据，而其他车辆收到 B 车的消息，则取消了重传。

Mobicast 是一种时空多播/地理多播路由协议，它不仅考虑时间性，还考虑了

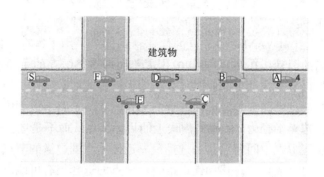

图 5.13 基于交叉口转发模式的数据转发示例

执行路由的空间。该协议的目的是在给定时间 t 内,将数据从源车辆传输给相关区域(ZOR)内的所有车辆。ZOR 是与传输数据相关的椭圆形区域,该区域被划分为四个象限,每个象限是一个子区域,发送信息的车辆是这个象限的中心,如图5.14 所示。

为了实现 ZOR 中消息的高效传播,Mobicast 定义了转发区域(ZOF)来处理网络分区。由于 ZOF 具有不同的格式和维度,该区域的划分也将对消息传输产生影响。如果区域太大,车辆就会转发不必要的数据包。如果区域太小,则仍然可能出现分区问题。为了预测 ZOF 的大小,作者提出了接近区域(ZOA),其为椭圆区域。在 ZOA 区域中,选择距离接收者最近的车辆来重新传输消息。图 5.15 描述了路由区域的创建,其中车辆 V_2 和 V_4 无法在 ZOR 中找到其他车辆,因此创建了 $Z_1^{V_2}$ 和 $Z_1^{V_4}$。V_8 也无法在 $Z_1^{V_4}$ 中找到属于 ZOR 的车辆旁边的其他车辆,因此它创建了 $Z_1^{V_8}$。因此,ZOF 的定义为

$$ZOF = ZOR + Z_1^{V_2} + Z_1^{V_4} + Z_1^{V_8} \tag{5.5}$$

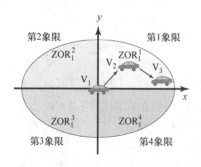

图 5.14 目的区域示例

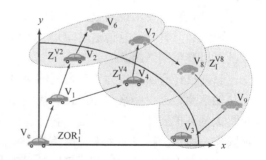

图 5.15 路由区域的创建

因此,消息将传递到所有相关区域内的车辆。虽然 Mobicast 协议可以应对网络分区的问题,但是如果在转发区域内没有找到邻居,数据就会丢失。为了解决这个

问题，Lin 等人提出了一种存储-携带-转发机制，允许在 ZOR 传播过程中丢弃消息，提高了 Mobicast 协议的信息传递能力。

Maihofer 等人针对 VANET 中节点的快速移动性，采用了缓存机制并在选择邻居时考虑了距离的因素。在 ZOR 协议中，贪婪地理多播缓存的主要思想是向路由层添加缓存，使得节点在缺少邻居时可以存储无法传输的数据包。当一个新节点到达时，缓存中的消息可能会传递给新发现的节点。在贪婪路由模型中，根据邻居距离的先验知识，选择半径为 r 的范围内最近的目标节点，而不是选择传输的最后一个节点。在该模型中，中间节点总是选择最靠近传输范围边缘的节点，并且由它来重新传输消息。由于节点的高移动性，下一个节点的选择很有可能离开节点的传输范围。仿真结果表明，对由于网络分区或缺少邻居无法传输的消息进行缓存可以显著提高地理广播中消息的传输速率。邻居的选择策略降低了网络中消息的负载与信息传递的延迟。

具有鲁棒性的车辆路由协议（Robust Vehicular Routing，ROVER）是由 Kihl 等人提出的。它是一种可靠的地理多播协议，其中只有控制消息通过网络广播发送，其他消息单播发送。ROVER 的目标是向特定区域内的所有车辆发送信息。消息由 A、M 和 Z 定义，分别用来标记使用的应用程序、消息和区域标识。因此，当车辆接收到消息时，它将检查在 ZOR 中，车辆是否处理信息，否则，消息将被丢弃。

ROVER 使用反应式机制来搜索 ZOR 中的路由。这使得网络中生成大量冗余消息，导致网络拥塞和延迟增加。为了解决这个问题，Bronsted 和 Kristensen 对该协议做了扩展，使用了双区域传播协议。在这种机制中，根据跳数来判断对消息执行的操作。如果跳数为零，则删除消息，有效地减少了冗余消息。

5.4 面临的挑战

在车联网中，路由协议不仅要考虑传输时间短、车辆速度快和拓扑结构高度动态等条件，还需要实现高效的数据传输。除此之外，还需要考虑特定应用的需求。路由协议必须具备消息传输时间短、丢包少等特点，同时减少冗余的控制消息或重复消息以避免网络超载。

目前已经有团队致力于开发能够应对多种流量状况的协议，同时实现更高的消息传输速率，减少网络中的消息干扰与冲突。此外，这些协议在消息传递方面要提供更大的可扩展性，换句话说，它将允许在短时间内进行传递。表 5.1 描述了本章所述路由协议的特点。根据路由策略，我们对路由协议进行了分类。

通过对上述工作的研究，可以发现路由协议具备从网络和邻近车辆中提取信息的能力，并且可以生成和维护这些信息。与广播路由协议（如 PREDAT 和 Hydi）以及基于簇和位置的路由协议一样，这些信息来自控制信息，可以检测道路状况以及交通密度，就像 A-STAR 和 VADD 协议一样。这些协议还可以与信标消息结合使用，来检测和分类交通状况。利用流量密度信息，协议可以根据当前的网络状态调整其参数以更好地满足特定应用的需求。此外，通过数字地图所获得的道路信息也可以优化信息传递，使用这种方法的有 GeoDTN + Nav、Lora CBF 和 GPCR 协议，它们通过地图的知识信息来得到生成传递信息的有效路径。

表 5.1 路由协议的可用性和评估

协议	类型	传播策略	场景	定位服务	是否需要地图	车辆定位	存储-携带-转发	缺点
OLSR	Ad Hoc	多跳	城市					更新路由表的开销大
TBRPF	Ad Hoc	多跳	城市					更新路由表的开销大
PRAODV	Ad Hoc	多跳	城市				√	更新路由表的开销大
PGB	Ad Hoc	多跳	城市				√	更新路由表的开销大
HARP	Ad Hoc	多跳	城市					更新路由表的开销大
GPSR	基于位置	贪心算法	公路	√		√		没有解决网络分区的问题
GSR	基于位置	贪心算法	城市	√	√	√		没有解决网络分区的问题
GPCR	基于位置	贪心算法	城市	√	√	√		没有解决网络分区的问题
A-STAR	基于位置	贪心算法	城市	√	√	√		没有解决网络分区的问题
GPGR	基于位置	贪心算法	城市	√		√		没有解决网络分区的问题
VADD	基于位置	贪心算法	城市	√		√	√	难于自由选择输出边缘
CBF	基于位置	贪心算法	城市	√				没有解决网络分区问题并且开销大

(续)

协议	类型	传播策略	场景	定位服务	是否需要地图	车辆定位	存储-携带-转发	缺点
GeoDTN + Nav	基于位置	贪心算法	城市	√	√		√	限于城市场景、不存在直接通信
LORA CBF	簇	贪心算法	城市	√	√		√	产生簇的开销大
MoZo	簇	贪心算法	城市	√			√	产生簇的开销大
MCA-VANET	簇	贪心算法	城市	√			√	产生族的开销大
BROADCOMM	广播	多跳	公路				√	评估方式过于理想化
UMB	广播	多跳	公路				√	只在复杂场景有效
PREDA	广播	多跳	城市和公路			√	√	重复信息
DV-CAST	广播	多跳	公路				√	重复信息
SRD	广播	多跳	公路				√	重复信息
HyDi	广播	多跳	公路				√	限于公路场景
MAODV	多播	多跳	城市					创建多路传播开销大
MAV-AODV	多播	多跳	城市	√		√		创建多路传播开销大
UGAD	位置多播	多跳	城市			√		在某些场景下受网络分区影响
Mobicast	位置多播	多跳	公路				√	依赖于GPS设备
ROVER	位置多播	多跳	公路			√		在某些场景下受网络分区影响

协议处理网络分区策略主要有两种：存储-携带-转发机制与移动性预测。存储-携带-转发策略是车辆在网络断开连接时使用的存储机制。消息存储在车辆中，直到网络重新连接。绝大多数协议（如PREDAT、MCA-VANET、GPCR等）都使用了这种策略，避免了由于缺乏有效路由而导致消息在网络中丢失的情况。然而，由于等待新连接花费了大量时间，这种方法也增加了端到端延迟时延。因此，必须考虑减少等待时间，例如在人口稀少的地区增加传输功率，从而增加通信

范围。

另一种策略为车辆移动性预测。该机制分析了车辆的当前位置、速度、方向以及已知的定位，并根据这些信息使用概率方法来预测车辆接下来的位置。因此，这类协议需要对路由期间持续事件进行计时，以根据车辆的最新位置确定下一个路由何时开始。

可以看出，新的路由协议能有效地提高路由生成和维护的效率。

尽管现有的路由协议和方法解决了车联网目前的问题，但仍存在一些挑战，如协议的异构使用。路由协议应尽可能在城市和高速公路环境都适用，并且支持两种运行场景中不同流量密度的情况。这些协议面临的其他挑战如下：

- 延迟问题仍然存在。一种解决方案是对驾驶员行为的分析，例如驾驶员试图预测网络行为，可以人为地延长连接的生命周期和道路状况。另一种解决方案是使用基础设施来辅助路由，以解决 V2V 通信中缺乏连接的问题。这需要一种通用协议，允许在车辆网络中进行混合通信。
- 安全。移动网络中的信息安全是一项重大挑战。因为网络中传输的信息将直接影响决策的结果，非法干扰可能会带来严重的后果。因此，为防止虚假或恶意信息影响路由以及数据，在路由协议中应当包含安全机制。
- QoS 度量标准。大多数路由协议不考虑所传输的特定应用程序的最低服务质量要求。为了更有效地执行应用程序，路由协议不仅要考虑车联网的限制，还必须考虑 QoS 的可用带宽、端到端延迟和抖动等参数。
- 可扩展性。随着城市车辆数量的增加，协议必须提供可扩展性。即使道路上有大量车辆，网络中的控制消息或重复消息也不会影响性能。

5.5 本章小结

在本章中，首先介绍了 V2V 通信的概念以及车联网中的路由和数据传输协议。不论是在无线网络中已经广泛使用的传统协议，还是专门为车联网开发的新协议，都存在一定的问题。我们按照 Ad Hoc、基于位置、簇、广播、多播和地理多播将协议分类，介绍了路由协议的应用以及该协议的优势，也讨论了这些协议所面临的挑战，还列出了最新的路由协议。最后，我们讨论了该领域面临的挑战以及研究前景。

参 考 文 献

1. Akamatsu R, Suzuki M, Okamoto T, Hara K, Shigeno H (2014). Adaptive delay – based geocast protocol for data dissemination in urban vanet. In: Proceedings of the seventh international conference on mobile computing and ubiquitous networking, pp 141 – 146
2. Aparecido L (2015) Data dissemination in vehicular networks: challenges, solutions, and future per-

spectives. In: Proceedings of the 7th international conference on new technologies, mobility and security, pp 1 – 5

3. Bronsted J, Kristensen LM (2006) Specification and performance evaluation of two zone dissemination protocols for vehicular ad – hoc networks. In: Proceedings of the 39th annual symposium on simulation. IEEE Computer Society, Washington, pp 68 – 79
4. Cha SH, Lee KW, Cho HS (2012) Grid – based predictive geographical routing for inter – vehicle communication in urban areas. Int J Distrib Sens Netw 8 (3): 819497
5. Chaqfeh M, Lakas A, Jawhar I (2014) A survey on data dissemination in vehicular ad hoc networks. Veh Commun 1 (4): 214 – 225
6. Chen YS, Lin YW, Lee SL (2009) A mobicast routing protocol in vehicular ad – hoc networks. In: Proceedings of the IEEE global telecommunications conference, pp 1 – 6
7. Chen YS, Lin YW, Lee SL (2010) A mobicast routing protocol with carry – and – forward in vehicular ad – hoc networks. In: Proceedings of the 5th international ICST conference on communications and networking in China, pp 1 – 5
8. Chen W, Guha RK, Kwon TJ, Lee J, Hsu YY (2011) A survey and challenges in routing and data dissemination in vehicular ad hoc networks. Wirel Commun Mob Comput 11 (7): 787 – 795
9. Cheng PC, Weng JT, Tung LC, Lee KC, Gerla M, Haerri J (2008) Geodtn + nav: a hybrid geographic and dtn routing with navigation assistance in urban vehicular networks. MobiQuitous/ISVCS 47
10. Cunha F, Villas L, Boukerche A, Maia G, Viana A, Mini RA, Loureiro AA (2016) Data communication in vanets: protocols, applications and challenges. Ad Hoc Netw 44: 90 – 103
11. Durresi M, Durresi A, Barolli L (2005) Emergency broadcast protocol for inter – vehicle communications. In: Proceedings of the 11th international conference on parallel and distributed systems, vol 2, pp 402 – 406
12. Füßler H, Widmer J, Käsemann M, Mauve M, Hartenstein H (2003) Contention – based forwarding for mobile ad hoc networks. Ad Hoc Netw 1 (4): 351 – 369
13. Ghazal A, Wang CX, Ai B, Yuan D, Haas H (2015) A nonstationary wideband mimo channel model for high – mobility intelligent transportation systems. IEEE Trans Intell Transp Syst 16 (2): 885 – 897
14. Jacquet P, Muhlethaler P, Clausen T, Laouiti A, Qayyum A, Viennot L (2001) Optimized link state routing protocol for ad hoc networks. In: Proceedings of the IEEE international multi topic conference, pp 62 – 68
15. Johnson DB, Maltz DA, Broch J et al (2001) DSR: the dynamic source routing protocol for multi – hop wireless ad hoc networks. Ad Hoc Netw (5): 139 – 172
16. Karp B, Kung HT (2000) GPSR: greedy perimeter stateless routing for wireless networks. In: Proceedings of the 6th annual international conference on mobile computing and networking. ACM, New York, pp 243 – 254
17. Kaur N, Singh A (2015) Article: a survey on data dissemination protocols used in vanets. Int J Comput Appl 120 (23): 43 – 50

18. Kihl M, Sichitiu M, Ekeroth T, Rozenberg M (2007) Reliable geographical multicast routing in vehicular ad-hoc networks. Springer, Berlin, pp 315-325
19. Korkmaz G, Ekici E, Özgüner F, Özgüner U (2004) Urban multi-hop broadcast protocol for inter-vehicle communication systems. In: Proceedings of the 1st ACM international workshop on vehicular ad hoc networks. ACM, New York, pp 76-8. 5
20. LeBrun J, Chuah CN, Ghosal D, Zhang M (2005) Knowledge-based opportunistic forwarding in vehicular wireless ad hoc networks. In: Proceedings of the 61st vehicular technology conference, vol 4, pp 2289-2293
21. Li F, Wang Y (2007) Routing in vehicular ad hoc networks: a survey. IEEE Veh Technol Mag 2 (2): 12-22
22. Lin D, Kang J, Squicciarini A, Wu Y, Gurung S, Tonguz O (2017) Mozo: a moving zone based routing protocol using pure v2v communication in vanets. IEEE Trans Mobile Comput 16 (5): 1357-1370
23. Liu G, Lee BS, Seet BC, Foh CH, Wong KJ, Lee KK (2004) A routing strategy for metropolis vehicular communications. In: Information networking. Networking technologies for broadband and mobile networks, pp 134-143
24. Lochert C, Hartenstein H, Tian J, Fussler H, Hermann D, Mauve M (2003) A routing strategy for vehicular ad hoc networks in city environments. In: Proceedings of the intelligent vehicles symposium, pp 156-161
25. Lochert C, Mauve M, Fussler H, Hartenstein H (2005) Geographic routing in city scenarios. SIGMOBILE Mob Comput Commun Rev 9 (1): 69-72
26. Maia G, Aquino AL, Viana A, Boukerche A, Loureiro AA (2012) HyDi: a hybrid data dissemination protocol for highway scenarios in vehicular ad hoc networks. In: Proceedings of the second ACM international symposium on design and analysis of intelligent vehicular networks and applications. ACM, New York, pp 115-122
27. Maihofer C, Eberhardt R (2004) Geocast in vehicular environments: caching and transmission range control for improved efficiency. In: Proceedings of the IEEE intelligent vehicles symposium, pp 951-956
28. Meneguette RI (2016) A vehicular cloud-based framework for the intelligent transport management of big cities. Int J Distrib Sens Netw 12 (5): 8198597
29. Meneguette RI, Boukerche A, Maia G, Loureiro AA, Villas LA (2014) A self-adaptive data dissemination solution for intelligent transportation systems. In: Proceedings of the 11th ACM symposium on performance evaluation of wireless ad hoc, sensor, and ubiquitous networks. ACM, New York, pp 69-76
30. Moy J (1997) OSPF version 2. Internet Request for Comments: 2328, pp 1-244
31. Murthy S, Garcia-Luna-Aceves JJ (1996) An efficient routing protocol for wireless networks. Mob Netw Appl 1 (2): 183-197
32. Namboodiri V, Gao L (2007) Prediction-based routing for vehicular ad hoc networks. IEEE Trans Veh Technol 56 (4): 2332-2345

33. Namboodiri V, Agarwal M, Gao L (2004) A study on the feasibility of mobile gateways for vehicular ad-hoc networks. In: Proceedings of the 1st ACM international workshop on vehicular ad hoc networks. ACM, New York, pp 66-75
34. Naumov V, Baumann R, Gross T (2006) An evaluation of inter-vehicle ad hoc networks based on realistic vehicular traces. In: Proceedings of the 7th ACM international symposium on mobile ad hoc networking and computing. ACM, New York, pp 108-119
35. Nikaein N, Labiod H, Bonnet C (2000) DDR-distributed dynamic routing algorithm for mobile ad hoc networks. In: Proceedings of the first annual workshop on mobile and ad hoc networking and computing, pp 19-27
36. Ogier R, Templin F, Lewis M (2004) Topology dissemination based on reverse-path forwarding (TBRPF). Internet Request for Comments: 3684, pp 1-46
37. Perkins C, Belding-Royer E, Das S (2003) Ad hoc on-demand distance vector (AODV) routing. Tech. Rep
38. Royer EM, Perkins CE (1999) Multicast operation of the ad-hoc on-demand distance vector routing protocol. In: Proceedings of the 5th annual ACM/IEEE international conference on mobile computing and networking. ACM, New York, pp 207-218
39. Santos RA, Edwards A, Edwards RM, Seed NL (2005) Performance evaluation of routing protocols in vehicular ad- hoc networks. Int J Ad Hoc Ubiquitous Comput 1 (1/2): 80-91
40. Schwartz RS, Barbosa RRR, Meratnia N, Heijenk G, Scholten H (2011) A directional data dissemination protocol for vehicular environments. Comput Commun 34 (17): 2057-2071
41. Sharef BT, Alsaqour RA, Ismail M (2014) Vehicular communication ad hoc routing protocols: a survey. J Netw Comput Appl 40: 363-396
42. Sichitiu ML, Kihl M (2008) Inter-vehicle communication systems: a survey. IEEE Commun Surv Tutorials 10 (2): 88-105112 5 Vehicle-to-Vehicle Communication
43. Sivaswamy S, Wang G, Ababei C, Bazargan K, Kastner R, Bozorgzadeh E (2005) Harp: hard-wired routing pattern FPGAs. In: Proceedings of the ACM/SIGDA 13th international symposium on Field-programmable gate arrays. ACM, New York, pp 21-29
44. Sladkowski A, Pamula W (2015) Intelligent transportation systems-problems and perspectives. Springer, Berlin
45. Souza AB, Celestino J, Xavier FA, Oliveira FD, Patel A, Latifi M (2013) Stable multicast trees based on ant colony optimization for vehicular ad hoc networks. In: Proceedings of the international conference on information networking, pp 101-106
46. Toh CK (1996) A novel distributed routing protocol to support ad-hoc mobile computing. In: Proceedings of the IEEE fifteenth annual international phoenix conference on computers and communications, pp 480-486
47. Tonguz OK, Wisitpongphan N, Bai F (2010) DV-cast: a distributed vehicular broadcastprotocol for vehicular ad hoc networks. IEEE Wirel Commun 17 (2): 47-57
48. Vahdat A, Becker D et al (2000) Epidemic routing for partially connected ad hoc networks. Technical Report CS-200006, Duke University, pp 1-14

49. Villas LA, Boukerche A, Maia G, Pazzi RW, Loureiro AA (2014) Drive: an efficient and robust data dissemination protocol for highway and urban vehicular ad hoc networks. Comput Netw 75: 381-394
50. Vodopivec S, Bešter J, Kos A (2014) A multihoming clustering algorithm for vehicular ad hoc networks. Int J Distrib Sens Netw 10 (3): 107085
51. Zeadally S, Hunt R, Chen YS, Irwin A, Hassan A (2012) Vehicular ad hoc networks (vanets): status, results, and challenges. Telecommun Syst 50 (4): 217-241
52. Zhao J, Cao G (2008) VADD: vehicle-assisted data delivery in vehicular ad hoc networks. IEEE Trans Veh Technol 57 (3): 1910-1922

# 第 6 章

车　辆　云

车辆间通过云范式共享它们的计算资源，从而形成车辆云（Vehicular Cloud，VC）。车辆与车辆、车辆与路侧单元之间的协同均需使用云资源。根据实际应用中不同的服务需求，这些云可以实现动态调整。因此，资源管理是车辆云中最重要的模块。本章讨论车辆云的相关概念，以及在车辆云的创建和维护过程中资源管理所面临的挑战，同时系统地描述了车辆云中资源管理需要考虑的重要技术。最后，本章将讨论当前面临的问题，并对车辆云的未来进行展望。

6.1　引言

在过去的几十年里，车辆云不仅受到服务行业和汽车行业的重视，而且也得到了科学界的重视。车辆云能够提供丰富的服务和应用程序，因此成为研究热点并受到越来越多的关注。车辆云可以进行动态的资源分配、提供可靠的服务和实现有保障的传输。车辆云必须具备资源管理功能，才能实现资源的共享。这里所说的管理是指允许车辆通过授权来访问车辆云中的闲置资源。

运行中的车辆通过临时协同来共享资源，并形成车辆云。这一系列的资源形成了一个服务池，可供用户和其他车辆使用。因此，车辆云需要提供动态资源定位、资源发掘和可靠的服务传输。为此，车辆云可以通过路侧单元（RSU）、蜂窝网络或者任何其他外部支持设备来访问接入有线网络。此外，车辆云还需使用车辆之间的通信。

然而，由于车辆网络的动态性，使得资源的管理和发掘变得非常具有挑战性。车辆需要创建一个基础架构来管理云的资源和需求，所以当车辆云无法提供中央控制器来处理检测和管理时，就会出现严重的问题。此外，为了满足服务质量（Quality of Service，QoS）的要求，车辆云之间必须进行协作。

在本章中，我们将讨论车辆云的概念，以及资源管理和发掘的问题，并探讨车辆云的两种主要架构类型。由于这两部分内容是创建和维护车辆云的基础，所以本章将分别对车辆云的概念和资源发掘管理进行叙述。

本章的其余部分组织如下：6.2 节将描述车辆云的概念；6.3 节将介绍车辆云资源管理的基本方法，以及对车辆云技术的展望；6.4 节将介绍车辆云中资源发掘的主要方法，并讨论未来开展相关工作所面临的挑战；6.5 节为本章小结。

6.2 车辆云的基本概念

车辆云引入了一种全新的资源发掘和供应范例。随之而来的是一些开创性的工作，包括定义车辆云及确定其属性。在最初的研究中，车辆云被定义为一组可以自动协同地对资源进行授权访问的车辆，因此协同计算、通信、传感器和物理资源等均可以在车辆间实现动态分配。

类似地，本章将车辆云定义为一组拥有嵌入式资源（如存储、计算和物理资源）的车辆。车辆依靠车辆间以及与外部基础设施之间的通信来共享和调度资源。根据资源的可用性和应用程序对服务质量的需求，这类云可以动态适应资源的可用性和应用程序对服务质量的需求。

在已有相关领域的重要文献中，研究人员往往提出架构来创建和管理车辆云，他们大多将总体架构划分为三个主要层次：车载层、通信层和云层。图6.1显示了一般车辆云的架构。

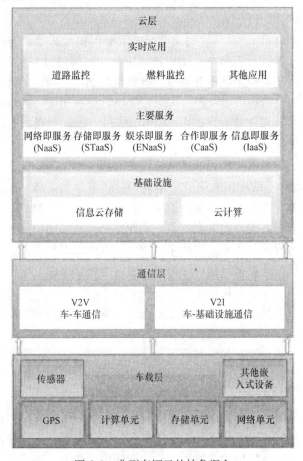

图6.1 典型车辆云的抽象概念

第一层是车载层，负责提取车辆所能包含的嵌入式传感器、GPS、摄像头、雷达等设备的信息。收集到的信息可以发送到云中存储起来，或者作为应用程序层中服务的输入数据。因此，这一层不仅可以促进对环境的感知，还可用于对车辆中的乘客和驾驶员行为进行预判。

第二层为通信层，用以连接车载层与云层。为此，车辆配备有包含某些无线通信协议的设备（比如802.11p、3G和4G）。根据设备的不同，可将该层划分为两个部分，即车-车通信（Vehicle—to—Vehicle，V2V）和车-基础设施通信（Vehicle—to—Infrastructure，V2I）。V2V服务于具有相同通信频段的车辆，如果有车辆在道路上感知到特殊事件，那么其信息可以在车辆间传播，最后到达云层。V2I则由车辆、基础设施和云层之间的信息交换所组成。外部基础设施可以是某个RSU、蜂窝网络天线或路边任何能够与云层进行通信的设备。

第三层是云层，其主要负责资源的整合，并向用户提供应用、服务和其他系统资源。这一层又可分为三个子层：实时应用、主要服务和基础设施。实时应用子层支持基础云服务，并能实时提供服务和应用，如信息即服务（Information as a Service，IaaS）、合作即服务（Cooperation as a Service，CaaS）和娱乐即服务（Entertainment as a Service，EaaS）等。另一方面，云平台和云基础设施是传统移动云计算系统的基础。云基础设施拥有存储和计算组件，存储组件与应用程序一起工作，它根据应用需求从车辆收集数据并储存；计算组件则承担指定的计算处理任务。

一些学者在相关研究（如文献[4, 17, 24]）中提出了一种基于底层网络元素的车辆云架构。这种车辆云由数据中心（中央云）、微云和底层车辆网络组成，其基本原理如图6.2所示。

在这个架构中，数据中心可以提供传统的云服务，如Microsoft Azure和Amazon EC2。数据中心通过有线网络向用户（车辆）提供服务和资源。在这种情况下，车辆需要通过路侧单元或其他外部基础设施连接数据中心。路侧单元具备部分计算功能，可以帮助数据中心管理和发掘资源。因此路侧设备如同中间人一样在不同的云之间共享以及管理资源和服务。路侧单元中的计算资源被称为微云，它由一组配备有可用资源的车辆组成，并且这些资源可通过混合通信方式在车辆间共享。

在上述架构中，车辆云位于架构的一端，由车辆间通信合作与协同构成。车辆云需要为数据中心、微云和其他工具提供资源。如果存在路侧单元或其他外部连接，那么车辆云自身必须能够发掘并管理资源，并能像数据中心一样提供资源。否则，需要车辆来为用户发掘和管理资源。

6.2.1 云的构成及云服务

将停车状态下的多辆车的计算资源整合在一起便可形成一类车辆云。因此，停放在购物中心、机场或私人停车场的车辆都可以形成车辆云。这种云的构成与传统云相似，它由布置在数据中心的物理主机生成的虚拟化资源组成。车辆云也可以像

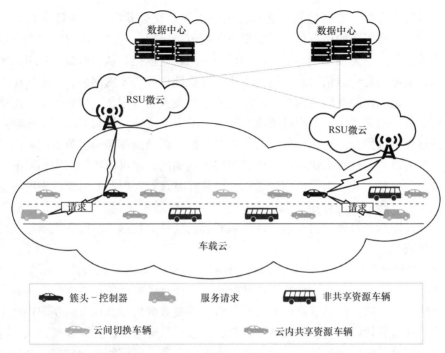

图 6.2 车辆云网络元素

传统云一样通过沿线基础设施接入互联网,并在上面提供车辆云访问服务和从车辆网中提取相关信息。然而,纯粹的车辆云是建立在车联间相互通信的基础上的,因此不仅要考虑到车联网的特性,还需要解决移动云在训练和资源管理方面的限制,如主机之间的资源迁移。

车辆云可以提供传统云的服务,例如将车辆上的嵌入设备整合在一起提供计算服务,通过使用常规云来提高计算能力等。网络可被看作是一种服务,车辆云可以通过它向用户提供带宽和互联网访问等网络资源。车辆云存储作为一种规定信息保存机制的服务,需要考虑将哪些车辆信息进行存储,比如一辆车在停车场停了多久。为了解决这些限制,可以使用支持点对点(Point—to—Point,P2P)方式的应用程序,即在多辆汽车上存储同一文件的多个副本。此外,由于车辆之间的传输时间比较短,因此这些文件较小且便于共享。

除了传统服务外,还开发了新的云服务,如感知即服务(Sense-as-a-Service,SenaaS),该服务为车辆监控应用(如称为传感器云服务的云计算能力)提供包括车辆传感器和设备在内的组件。Zingirian 和 Valenti 提出传感器即服务可以使用车上嵌入式传感器以及车辆之间的通信来感知城市道路。

SenaaS 可以协助智慧城市感知和监测道路情况。除此服务外,智慧城市还可以使用其他服务,通过传播交通状况信息或城市或街道上可能发生的事件等信息来协助管理城市交通。这些服务主要包括:

- 合作即服务(Cooperation as a Service,CaaS):车联网可提供多种全新服

务，如驾驶员安全、交通信息、交通警报、天气或交通状况、可用停车位和广告等。为实现上述服务的信息传递，需要有数据传播机制。为此，不仅需要在车辆之间建立连接，还需要在车辆与沿线基础设施之间建立连接，从而形成一种可以发掘和传播云服务的混合通信形式。这一形式可以处理更高密度的网络，在某些情况下可以覆盖大范围内的车辆。因此，网络需要承载庞大的数据量，可能会造成网络传输阻塞。合理地选择中继节点是解决上述问题的方法之一，即只有选定的车辆或基础设施可以中继信息。应用这种方法，需要根据发送消息车辆能够覆盖的范围来选择中继发射机。中继发射机可以位于通信覆盖范围内，也可以布置在距离发射机与相连节点间的较远处。为了更利于通信，可以同时选择发射机和可能的中继发射机的节点位置。此位置还可用于监视交通事件周边区域的道路，以监测交通拥挤情况，并通过监测和解释来自交通事件区域和邻近区域的数据，从而获得到达其他节点的替代路径。

● 信息即服务（Information as a Service，IaaS）：车辆云应该能够提供获取车辆信息的服务，这些信息不仅与交通状况相关，而且还包括了诸如事故在内的道路交通事件信息。这种信息获取服务依赖于事件相关数据的传播以及网联车辆间消息的传递。该服务接收来自移动设备的信息，以获取指定区域的多源数据，从而可以更好地推断事件的发展趋势。车辆云拥有附近发生事件区域的地理数据，并允许对数据进行分析和解释。运用数学方法对数据进行分析和解释，包括计算拥堵程度、预测车辆的流动性、估计替代路线以避免道路拥堵、预估下一个事件的发生等。通过对交通设施资源分配（如交通信号灯重新编程）和计算资源的分配，从而提供能够满足当前事件和未来发生事件的信息支持。

第7章将详细描述云服务应用程序的开发过程，同时介绍智能交通系统的主要应用，以及这些应用所面临的挑战。然而，值得注意的是，车辆云研究面临的巨大挑战之一是确定车辆云能够支持大数据应用的条件。显然，大数据应用对数据处理有着严格的要求，因此短期车辆云无法支持这些应用，原因是车辆信息在云端中驻留时间太短，无法实现虚拟机（Virtual Machine，VM）的设置和迁移。最近，Florin等人通过研究确定了在停车场车辆数据中心能够有效支持大数据应用的充分条件。这项工作代表着研究人员首次进行车辆云概念的可行性及其所支持大数据的适用性的研究。同时Florin等人发现，如果车辆在云端中驻留时间足够长，并且网络有足够的带宽，那么车辆云就可以有效地支持大数据应用。尽管得出了这样的研究结论，但如何使得车辆云能够更好地支持数据、处理密集型应用程序，仍需要进行大量的工作。

6.2.2 虚拟机迁移

为了给物理资源提供更大的灵活性和扩展性，车辆云通过虚拟机来构建用户进程执行环境，从而避免了重新占用相关的物理资源。服务器被划分为多个虚拟机，其中分配给用户的虚拟机拥有与其他机器完全隔离的物理环境。虚拟机的管理是通过虚拟机监控程序来实现的，实际上，这些程序也是与虚拟机隔离开来的。虽然多个虚拟机位于同一台机器上，但是监控程序会根据使用情况为每个虚拟机分别分配资源。

在云提供服务期间，分配给指定用户的虚拟机可以在不同的物理主机之间进行切换，其目的是节约能源、提高利用率和减少发热等。因此，虚拟资源允许逻辑资源（即虚拟机）从一台机器迁移到另一台机器。虚拟机从一个物理位置到另一个物理位置的迁移是相对和无缝的。多项研究提出了在虚拟机迁移到可工作云的过程中遇到的挑战和解决问题的方案。在虚拟机迁移过程中，可靠性和效率是需要考虑的两个重要指标。在已有的文献中，一些研究提出了针对传统云的局限性的解决方案。然而，车辆云带来了新的挑战和限制，导致传统的云技术不能应用于车辆云。两者的区别之一存在于虚拟机迁移的初始化过程，传统云的虚拟机迁移的初始化可以通过热区预防、负载平衡和维护来触发。而由于车联网的特点，资源的移动性和普遍性构成了车辆云内在和主要的方面。因此车辆云数据中心拥有更加动态的环境，以满足物理服务器，通常为互联车辆的移动性。此外，车辆云数据中心网络的拓扑结构也在快速改变，以适应车辆的高速移动。

Refaat 等人提出了三种车辆虚拟机的迁移（Vehicular Virtual Machine Migration，VVMM）机制，其目的是在尽量减少 RSU 干预的情况下，通过迁移数据中心拓扑结构和主机异构性来提高迁移效率。第一个迁移机制模型为 VVMM-U，在车辆离开 RSU 覆盖范围之前的极短时间内统一选择虚拟机迁移的目的地。第二个迁移机制模型为 VVMM-LW，旨在以最小的工作负荷将虚拟机迁移到车辆上。最后一个迁移机制模型为 VVMM-MA，其具有移动意识特点，即以最小的工作负荷将虚拟机迁移到车辆上，并将其规划在车辆云地理边界内。结果表明，VVMM-MA 模型显著降低了迁移失败率，提高了车辆云系统中车辆使用的公平性。

Yu 等人提出了通过高效虚拟机实时迁移机制来解决这一问题。他们设计了选择性脏页传输策略，从而提高虚拟机实时迁移中的数据传输效率。此外，他们还提出了一种最优的资源保存方案来确保目标云站点上有足够的物理资源，该方法能够显著减少迁移衰落。在其使用的范式中，允许车辆访问三种类型的云服务站点：车辆云、路侧云和中心云。由于车辆的移动性，云服务必须从一个云转移到另一个云，以保持持续的服务。这套机制减少了迁移衰落，降低了衰落率。

网络开销和资源搜索管理是车辆云虚拟机迁移所面临的主要挑战，因此，虚拟机迁移方式不仅需要考虑车辆的移动性，还必须考虑这些车辆用于创建虚拟机的资源数量。此外，迁移必须对网络产生重大影响，以便迁移开销不会影响服务的使用和资源的获取。

6.2.3 车辆云工作分配

由于车辆的动态驶入和驶离，使得计算资源的可用性不断变化，从而导致计算环境的不稳定,在此环境中,向车辆分配用户作业是非常困难的。假设一个任务刚好分配给了一辆正在车辆云中的车辆,如果其在车辆云中一直存在,直到任务完成,那么一切都很好。但如果车辆在作业完成前离开了车辆云,就会出现问题。在这种情况下,除非采取特别预防措施,否则工作信息就会丢失,必须重新启动工作,在另一辆车上碰运气,直到工作最终完成,因此必须减少车辆在任务没完成前而过早离开队伍。一种可能的方法是使用校验点,这种策略最早应用于数据库。此策略要求定期备份作业状态并将其存储在单独的位置。如果车辆在作业完成前离开车辆云,则可以使用最后的备份,在新车辆上重新启动作业。另外,可以通过使用各种形式的冗余工作分配策略来增强可靠性和可用性,类似策略经常出现在传统云和其他分布式系统中。事实上,车辆云中资源的波动性适合应用作业分配策略,即每个作业被分配给车辆云中的两个或多个载体,并由它们共同执行。

一些文献使用了上述机制,例如,Ghazizadeh 等人研究了车辆云中基于冗余工作的分配策略,推导出了平均故障时间(Mean—Time—to—Failure,MTTF)的解析表达式。类似地,Florin 等人研究了军用车辆云(Military Vehicular Cloud,MVC)的可靠性,这是适合战术应用需求的车辆云版本。上述成果描述了如何通过一系列基于冗余工作的分配策略,来增强车辆云系统的可靠性和可用性,这些策略试图减小计算资源不稳定带来的影响,并明确了 MTTF 在车辆云中的作业分配效率。

车辆云的另一个重要参数是作业完成时间,这是衡量车辆云服务质量的属性之一。在现有文献([13,16,21,44])中,学者们使用了多种方法来估算作业完成时间。其中,Florin 等人开发了一种分析模型,该模型通过预设的冗余工作分配策略,能够估计车辆云的作业完成时间。

由于车联网和驾乘人员的行为特点,车辆的资源配置时间和作业完成时间成为衡量车辆云性能的重要指标,并且其重要性随着用户对资源可用性要求的逐渐提高而日益凸显。

6.3 车辆云的资源管理

云载体的资源管理必须考虑一系列必不可少的因素,包括效率、服务质量和准确性:①效率要求资源配置策略应优化资源利用,以保证资源被完整地使用;②服务质量指所分配的资源必须充分满足服务质量需求;③准确性表示资源被执行时必须具有相同的概率和时长。

本章将全面介绍车辆云资源管理的研究成果,主要包括两部分内容:①基础设施资源管理;②车辆资源管理。前一部分的资源管理直接连接到云端的静态结构,即资源的处理和管理由云(数据中心)和微云(RSU 提供的计算资源)共同执行;后一部分资源的处理和管理只由车辆来执行,这样外部因素(例如某个 RSU)造成的干预是最小的。也就是说,资源管理只需要使用 RSU 结构提供的一些特性信息,比如信号强度。

6.3.1 基础设施资源管理

车辆云基础设施资源管理通常通过创建 VM 来处理资源配置问题。此外,资源管理引擎必须允许 RSU(微云)之间进行数据传输,并避免由于不符合服务质量要求或车辆高速移动而导致的资源故障。在基础设施资源管理中,同样需要考虑资源分析,资源分析可以明确回应数据请求的顺序。图 6.3 描述了 VC 基础设施架构中执行资源管理的概念。

从图中描述的场景来看,第一辆车从数据中心和微云中请求云服务,因此,VM 被保存在数据中心和微云中。一旦这个中心云提供了资源,运行在微云中的 VM 将消息推送到车辆 1,允许它的驾驶员使用所请求的资源。当车辆 1 沿道路行驶进入微云 2 的覆盖区域时,微云 1 中的 VM 必须迁移到微云 2,因此,所请求的资源是动态的,直到不再需要为止。

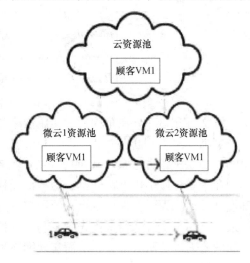

图 6.3 车辆云资源管理运行图

下一节将介绍在车辆云基础设施架构的基础上,一些资源管理流程优化的技术和工作。

6.3.1.1 整数规划

整数规划(Integer Linear Programming,ILP)是车辆云中用于资源管理的一种技术,它是数学规划的重要组成部分,ILP 中至少有部分变量必须是整数。ILP 通过寻求资源配置的有效方法,以实现特定的目标,该目标通常为利润最大或成本最小。该目标通过一个线性函数来表示,称为目标函数。此外,还必须定义哪些活动需要消耗资源以及资源消耗的比例。该信息可表示为线性方程的形式,每个方程对应一条信息,上述方程以及不等式的集合统称为模型约束条件。

在各种活动之间分配稀缺资源的方法通常有很多种,但这些分配方式要符合给定模型的约束。然而,研究人员通常关注的是实现利润最大或成本最小的目标函数。模型的解称为最优解。因此,一旦确定了线性模型、目标函数以及线性约束条件,便可以利用线性规划来寻找问题的最优解。

在车辆云中,ILP 可用作求解资源管理操作的最小成本,以减少将虚拟机从一个云迁移到另一个云或从一个网络元素迁移到另一个网络元素的需求。为此,策略中需使用网络参数(如开销、带宽、虚拟机大小等其他车联网元素和约束模型元素）。下文将介绍如何在车辆云中使用该策略进行资源管理。

举例来说，假设某个车辆云能够请求服务 T，车辆云可以提供流量管理、事件报警或两者结合的服务。车辆云对于资源R_p和服务存储R_s的处理能力是有限的。根据请求的不同，可以用不同的数量进行分配：用于流量管理的（R_{p1}，R_{s1}）和用于事件警报的（R_{p2}，R_{s2}）。假设资源分配中含有系统成本C_p和存储资源成本C_s，进一步假设车辆请求交通管理（tm）或警报事件（ea）的服务，因此系统提供理想服务的数量可以用如下的线性规划来描述。

最小化： $\qquad C_p tm + C_s ea$ （目标函数）

$$\text{s. t.} \begin{cases} tm + ea \leqslant T & \text{（请求总数约束）} \\ R_{p1} tm + R_{p2} ea \leqslant R_p & \text{（处理资源约束）} \\ R_{s1} tm + R_{s2} ea \leqslant R_s & \text{（存储资源约束）} \\ tm \geqslant 0, \ ea \geqslant 0 & \text{（车辆请求服务非负约束）} \end{cases} \quad (6.1)$$

下文将介绍部分在车辆云中使用策略和执行资源管理的工作。

文献［34］提出了一种基于 ILP 的云资源管理（Cloud Resource Management，CRM）方法，该方法最小化重构开销，其旨在减少基础设施延迟和服务冗余。ILP 模型在于联合最小化重构开销、虚拟机迁移、控制平面修改、服务主机数量和云基础设施延迟。为了实现这一点，使用权重方法来控制重新配置开销的优先级，以便以最小化的虚拟机迁移来优先于控制平面修改。此外，ILP 还考虑到了系统中消息之间的延迟以及网络带宽，从而实现网络负载的平衡以及最小化服务主机和基础设施的数量。

6.3.1.2 半马尔可夫决策过程

马尔可夫决策过程（Markov Decision Processes，MDP）旨在对结果部分随机且部分受决策者控制的情况下的决策进行建模。MDP 提供了一个数学框架，可以对基于概率的状态转换进程进行建模，并可以观察进程所处的状态；也可以通过执行某些操作，从而周期性地干预决策时间中的进程。根据进程的状态，每个操作都有回报或成本，只能由状态来决定，而不依赖于所执行的操作。因为建模的过程遵循马尔可夫特性，即操作对状态的影响只取决于操作和系统的当前状态，而不取决进程如何达到状态，所以它们被称为马尔可夫或马尔可夫过程。决策过程可能来源于代理或决策者的建模，同时它周期性地干扰着执行操作的系统，与马尔可夫链不同，它不涉及如何干预进程。

因此，MDP 可以被定义为一个元组（S，A，T，R），其中：
- S 表示进程中可能出现的一组状态。
- A 表示一组可以在不同决策阶段执行的操作。
- $T: S X A X S \mapsto [0, 1]$ 为一个函数，表示是否给出了系统传递到某个状态的概率 $s' \in S$。该函数假设进程处于一种状态 $s \in S$，从而代理决定是否采取行动 $a \in A$，也可表达为 $T(s'|s, a)$。

- $R: SXA \mapsto \mathbb{R}$ 表示状态为 $s \in S$ 时,决策 $a \in A$ 关于成本(利润)的函数。

为了说明 MDP 的使用规则,假设车辆云可以提供一个资源池,其中包含 R 个资源单元,支持 K 类服务。此外,服务类 i ($i \in \{1, 2, \cdots, K\}$) 需要资源 b_i 来满足服务需求,并用泊松过程建立新请求中的到达时间模型,速率为 λ_n。

因此,系统状态可以用车辆云中的资源占用比来描述。状态空间可以表示为

$$S = \{s \mid s = (n, e)\}, e \in E = \{Req, Ter\} \tag{6.2}$$

其中 n 被定义为

$$n = \{n_1, n_2, \cdots, n_i\} \tag{6.3}$$

式中,n_i 是车辆云中请求服务类 i 的车辆数量,同样,局域云中分配的资源之和为 $\sum_{K=1}^{K} b_k n_k \le R$;$e$ 是系统中发生的事件,事件集 E 中的 Req 是新请求的到达时间;Ter 是 k 类请求服务的云终端。

在 MDP 环境中,云必须在一段给定时间之后根据其操作空间做出决策。即在每个决策元中,云从活动空间 A_s 中选择一个行动 a,定义为

$$A_s = \begin{cases} \{-1\} & e \ne Req \\ \{0, 1, 2, \cdots, K\} & e = Req \end{cases} \tag{6.4}$$

$a = -1$ 表示控制器需要更新系统的资源消耗,而不是进行决策。$a = 0$ 表示控制器拒绝 k 类服务的请求。$a = k$ 表示接受请求,并在系统中分配了 k 类的服务。

行为 a 下从状态 s 到状态 s' 的转移率为 $p(s' \mid s, a)$,有

$$p(s' \mid s, a) = \begin{cases} \dfrac{\lambda_n}{\varphi(s', a)} & e' \ne Req \\ \dfrac{\mu_k n_k}{\varphi(s', a)} & e' = Req \end{cases} \tag{6.5}$$

其中 $\varphi(s, a) = \gamma(s, a)^{-1} \gamma(s, a)$ 表示直到下一个决定时的预期执行时间,可表达为

$$\gamma(s, a) = \dfrac{1}{\lambda_n + \sum\limits_{k}^{K} \mu_k n_k} \tag{6.6}$$

给定状态 s 和行为 a,系统奖励定义为

$$\gamma(s, a) = k(s, a) - g(s, a) \tag{6.7}$$

式中,$k(s, a)$ 是采取行动 a 后系统单次总收益;$g(s, a)$ 是预期的系统成本。

$k(s, a)$ 数学表达式为

$$k(s, a) = \begin{cases} P & e \in Req, a = 0 \\ G_{Req} & e \in Req, a = 1, \cdots, K \\ G_{Ter} & e \in Ter, a = -1 \\ 0 & \text{其他} \end{cases} \tag{6.8}$$

式中，P 是拒绝服务或车辆离开云导致的系统损失；在 P_r 中，如果请求云池中的车辆资源被拒绝，系统则会被云消息交换惩罚；因此，P 被定义为 $P - \sum_{k=1}^{K} b_k$；G_{Req} 是接受新请求或迁移请求的系统收入，G_{Req} 的值为 $G - b_k$，其中 G 为云计算用于共享车辆资源的收益；虽然该车辆资源加入了局域云的资源池，但是车辆也使用了云可用资源中的 b_k；G_{Ter} 是终止服务（请求）或迁移请求的系统收入，G_{Ter} 的值为 $G + b_k$。

预期的系统成本 $g(s,a)$ 为

$$g(s,a) = c(s,a)\gamma(s,a) \tag{6.9}$$

式中，$c(s,a)$ 是系统的费率，可以用动态车辆云中资源分配的数量来表示。

$$c(s,a) = \sum_{k=1}^{K} b_k n_k \tag{6.10}$$

因此，建模的目的是控制系统接受或拒绝服务请求，从而最大限度地利用云资源。在文献中，一些模型不仅考虑了系统服务，还考虑了车辆在云中的进出特性。下文将描述如何在车辆云中使用上述策略，并执行资源管理工作。

文献[45]提出了一种车辆云收益最大化的资源分配方案。该方法基于无穷半马尔可夫决策过程，利用四个阶段来构造资源分配问题：①状态空间表示车辆云中的当前资源和请求状态；②操作空间是车辆云根据当前状态使用的一组操作；③回报由收入和成本组成，这些收入和成本可以通过折现模型来计算，从而获得回报之和；④转换概率为在特定场景中一个系统状态变为另一个状态的概率。可以采用迭代算法求解最优化问题，该算法的目标是最大化车辆云的长期期望总回报。

文献[27]提出了一种最大化推荐方案回报和提升用车体验质量的方法。作者提出了一种称为半马尔可夫决策过程（Semi-Markov Decision Process，SMDP）的优化决策方法，最终得到最优方案。该方法用事件的平均发生率来计算利润，用单值化方法修正离散时间模型公式。为了使平均利润最大化，文献[45]设计了迭代算法求解模型，该算法具有较高的运算能力，从而节省了更多的计算资源。

6.3.1.3 博弈论

博弈论是一种数学策略，旨在模拟两个或多个决策者相互作用时能够观察到的现象。该理论用于一个代理人或玩家的决策依赖或影响其他人选择的情况。

因此，由一系列玩家组成的游戏表示为 $G = g_1, g_2, \cdots, g_i$。每个玩家 g_i 都有 S_i 个有限选择集，这些选择被称为玩家策略。我们用 S 表示所有策略概要的集合，定义为

$$S = \prod_{i=1}^{n} S_i = S_1 S_2 \cdots S_n \tag{6.11}$$

每个元素 $s \in S$ 表示游戏的一种结果，也被称为策略向量或游戏的策略概要。此外，对于每个游戏结构，每个玩家必须有一个完整的、可迁移的、反射的、二项的偏好顺序。这种关系表明玩家更倾向于改变策略，而游戏的结果也随之从一个策略向量转向另一个策略向量。实用函数便是一种简单的表示方法，对每个玩家 i 都

有利 $u_i: S \rightarrow R$，同时它还为每个策略向量提供反馈。因此，如果玩家 i 改变其策略，那么策略向量就会从 s 迁移到 s'。如果 $u_i(s') > u_i(s)$，策略就会发生改变。

当每个玩家都不能通过改变自己的策略来提高自己的收益时，便获得一个稳定的结果。这种策略矢量结果表示策略达到纳什均衡状态。

接着描述当用户在车辆云中请求了两个服务（参与者），且这些服务可以被尝试或阻止时，这种策略是如何工作的。如果同时尝试这两种服务，那么每个服务的成本为 4；如果只有一个服务（A）被尝试，而另一个服务（B）被阻塞，那么服务 A 的成本为 1，其他成本为 5。同样地，如果尝试 B 而阻止 A，那么 B 的成本是 1，A 的成本是 5。如果两者都被阻塞，那么成本是 2。

两个参与者 $G = A, B$ 的主要策略如下：

S_A = 尝试，阻止

S_B = 尝试，阻止

u_A(尝试，尝试) = 4，u_A(尝试，阻止) = 1

u_A(阻止，尝试) = 5，u_A(阻止，阻止) = 2

u_B(尝试，尝试) = 4，u_B(尝试，阻止) = 1

u_B(阻止，尝试) = 5，u_B(阻止，阻止) = 2

本算例测试的两种状态中，没有一种状态可以通过单独更改自己的选择来减小系统成本，因此测试的两种状态均为纳什均衡。

文献 [43] 提出了一种双边匹配理论，即资源管理和空闲资源协同共享机制。这种方法包括两个步骤：首先，云服务提供商分析收入，并验证资源管理是单独工作还是与云市场集成工作；然后，服务提供商从其他服务提供者租用其资源。这种方法必须考虑：①无论效用是否更好，服务提供商都可以联盟；②服务提供商可以改变联盟以提高其效用，换句话说，提供者可以离开联盟 A 而加入联盟 B；③不管是否改进实用程序，服务提供商更倾向于单独工作。在这种方法中，使用帕累托最优来帮助服务提供商进行决策，从而保证其效用能够增加或至少不会减少，同时帕累托最优在每一轮中聚集并逐渐巩固。

文献 [41] 提出了一种适用于车联网的云架构。该构架分为三层：车辆云、路侧云和云计算中心。这种方法的目的是在智能交通的基础设施中整合多余的物理资源。为此，作者使用博弈论方法来最大化分配到的云资源。在该理论的运用中，考虑微云中的一组可用虚拟机，根据请求资源数量分配虚拟机，虚拟机的目标是获取尽可能多的资源。这种情况下，云为每个虚拟机设置两个虚拟资源计数器。由于虚拟资源计数器达到了它们的最大阈值，所以虚拟机不能分配不同类型的资源，这样确保了分配给所有虚拟机的资源总量是相同的。

在城市场景中，文献 [37] 采用高斯-赛德尔（Gauss-Seidel, G-S）迭代方法，设计了一种非协作云资源分配方案，该方案能够减少纳什平衡点（Nash Equilibrium Point, NEP）的计算时间。此外，该方案需要考虑节点的连接和离开过程，因此，本章研究了基于 G-S 迭代方法的非合作云资源分配博弈。为了改进流程的迭代精度，建立了精确控制模型。运用博弈论对车辆节点的传输行为进行建模，建立的模型也称为云资源分配博弈。同时，利用云 RSU 增加车辆节点与数据服务器之间的通信时间，这足以让私家车完成云资源分配博弈的均衡计算，进而根据计算出的传输速率访问数据。在云资源分配博弈中，每个车辆节点都试图将成本最小化或效用最大化。本章提出的方法可以使用 G-S 迭代在车辆之间分配云资源。通常 G-S 迭代法需要求解一阶偏微分方程，该方法可以计算节点的最优利用率和流量。针对车联网资源分配的集合问题，同样可以采用 G-S 迭代法进行求解。

6.3.1.4 通信层

部分策略只能处理来自计算机网络中建立的协议信息，侧重于捕获来自延迟、抖动和数据包丢失的信息。部分策略旨在分析来自 TCP 的信息和来自网络层路由表的信息。利用这些信息，可以通过建立它们的数学模型来管理所请求的信息和服务流。进一步根据模型控制和管理云中的可用资源，为用户提供服务。

另一种实现资源操作的方法是运用网络中的已知策略，如认知网络策略。根据文献 [38] 中的定义，认知网络能够感知到网络的当前状态，然后根据网络当前状态进行计划、决定和行动。网络可以从这些认知中学习，并考虑端到端传输目标，进而利用信息对未来进行决策。同认知网络一样，认知无线电提供了使用或共享频谱的能力。

有些工作不仅使用无线电的信息，而且还使用其他协议的信息来执行资源管理。下文将描述一些使用该模式的情景。

文献 [35] 提出了一种用于网络雾中心（Networked Fog Center，NetFC）的资源调度器。NetFC 确保满足 QoS 的要求，并寻找最小/最大抖动速率和进程延迟。在车载网络中，NetFC 使用基础设施到车辆的通信策略，即车辆使用以 TCP/IP 为基础的单跳移动链接与基础设施进行通信。基于 TCP/IP 的雾平台在满足 QoS 硬性要求（比如硬边界）下，NetFC 最小化通信和计算平均资源浪费值。资源效益表的功能包括：①管理输入流量；②允许通行的最低能源分配；③设置和维护当前 VM 的配置；④自适应控制 TCP/IP 移动连接的流量。此外，NetFC 通过随机管理策略对输入和输出流量进行自适应控制，并使用 TCP/IP 连接状态来处理无法预测的、有波动性的流量。这种方法还考虑自适应重构的 VM 任务大小和处理速度、自适应重构的内部通信速率。

文献 [9] 提出了基于认知无线电（Cognitive Radio，CR）的自适应资源管理控制器和车辆网络软输入/软输出数据融合方法。在这种方法下，动态最优控制器管理 RSU 服务的访问时间窗口，以及在 VC 服务上以分布式和可伸缩式进行访问的速率和流量。该方法为无线通信网传输的主要业务提供可靠性保障，即为了保障 CR 能够访问 VC，以完全分布式和可伸缩的方式访问服务 RSU。采用帧格式，与内部访问协议同步报告。为此，设计并实现了一种嵌入式访问协议，主要包括七个阶段：①通道估测；②传播；③传感；④数据融合；⑤客户端调度；⑥客户端上传；⑦确认。此外，时间槽被划分为不重叠的小槽。

6.3.1.5 讨论和挑战

表6.1总结了已有研究的特点，主要从资源分配、RSU之间的资源调度、资源迁移和工作中使用的概率统计方法几个方面进行分类。

资源分配和迁移机理需要聚集的复杂性和时间长度是资源管理的问题之一。这两个方面对速度和效率施加了硬约束，使机构不受车辆移动速度的影响，且不浪费计算资源。当添加资源调度程序时，资源管理复杂性和资源可用性时间会增加。另一个重要的问题是资源管理需要高计算负荷。这种高计算负荷可能会影响机组的电力消耗，因此需要一种更有效的冷却机制。

表6.1 基于基础架构处理资源管理器的工作

学者	资源分配	资源调度	资源迁移	概率统计方法
Salahuddin 等	√		√	ILP
Zheng 等	√			SMDP Bellman 方程
Meng 等	√			SMDP Bellman 方程
Yu 等（文献43）	√			博弈论
Yu 等（文献41）	√			博弈论
Tao 等	√			博弈论
Shojafar 等	√	√	√	自己的方法
Cordeschi 等	√		√	访问率分配、组合时间流分配和网络范围优化

尽管部分工作解决了车辆云资源管理受基础设施的影响问题，但由于分配机制、调度和资源迁移的复杂性，使得这三者的集成管理仍然存在挑战。因此，需要一个包括这三种机制的有效结构，即设计一种能够快速分配资源的解决方案，且尊重所请求的资源需求。这可以最小化资源消耗或者促进资源在RSU之间的迁移，也就是在不损失资源利用率的情况下允许快速迁移，并在不损失请求的情况下提供公平的分配。

另一个需要考虑的问题是时间和计算消耗的精确评估。与处理分配任务的效率相关，优化技术对于解决资源管理中涉及的问题是非常必要的。

6.3.2 车辆资源管理

因为基于基础设施的资源管理者依赖于资源分配，因此在进行资源管理时，资源之间的转移和调度需要考虑路侧单元、车辆之间的通信。在传输车辆之间建立通信体系是车辆资源管理的一个基本要素。图6.4描述了车辆资源管理的运营状况。

图6.4 车辆资源管理

例如,车辆1需要运用来自另一个车辆云的部分可用资源,因此车辆1需要发送该资源的请求,并持续向特定资源云发送请求,直到收到答复。

此消息传递可以是数据分发机制或集群机制,一旦另一辆车收到请求,并且请求的资源变为空闲,它就会创建并保留一个新的虚拟机(VM);然后将这些虚拟资源分配给请求者,并向车辆1发送消息。数据分发或集群管理机制用于虚拟机的创建和维护,正如我们在下面的工作中所描述的那样。

6.3.2.1 贝叶斯联盟博弈

联盟博弈(合作博弈)是博弈论的一种范畴,它要求一组玩家表现出合作行为,将博弈转化为群体之间的竞争,而不是个体之间的竞争,如第6.3.1.3节所述。

联盟游戏由一组被称为大联盟的有限玩家 G 和一个特征函数 $v: 2^N \to \mathbb{R}$ 组成,每组联盟都映射到一组奖励上,该函数描述了组成联盟的玩家规模大小。联盟游戏被称为价值游戏或利润游戏,联盟的形成主要决定于参与者在联盟分配奖励的期望。因此,联盟博弈可以被认为是对代理群体内部收益分配的研究。

同样,合作博弈也可以定义为满足特征成本为 $v(0) = 0$ 的函数 $v: 2^N \to \mathbb{R}$。在这种情况下,玩家必须完成某项任务,并且函数代表玩家合作执行任务的价值。这种类型的游戏称为成本游戏。

当迁移一个虚拟机时,这种技术可以用来计算云的成本。虚拟机包含几个必须分析的参数,如开销、虚拟机大小和必要带宽等。

部分学者采用这种策略来展开研究。本章提出了一种基于自主学习的竞争感知数据分发(Learning Automata – based Contention Aware Data Forwarding,LACADF)算法,该算法将可靠的数据分发作为一种基于自主学习概念的贝叶斯联盟博弈(Bayesian Coalition Game,BCG)。LACADF 假设车辆是玩家,每辆车分析其他车辆的行为;因此,车辆可以确定要执行的移动。在游戏开始时,每辆车都有一个报酬支付值,这个值可以根据车辆的行为增加或减少。根据车辆行为概率向量的更新,车辆可以获得奖励或受到惩罚。经过多次迭代，根据贝叶斯定理，车辆在不同的离散集中选择一个行为。所有这些操作都是由一个自动过程执行的，如果解是收敛的，那么这个自动过程可以产生最优的决策结果。

6.3.2.2 半马尔可夫决策过程

当没有中心元素控制云服务时，可以使用马尔可夫决策过程（Markov Decision Process，MDP）。MDP模型不仅考虑了所管理资源的特定参数，还考虑了车辆网络的所有特性，如高移动性、高动态拓扑结构和车辆之间的低连接时间等。很少有研究用马尔可夫决策过程来管理车辆资源，下文同时考虑所要求的服务质量和车辆进出车辆云时的移动性，从而更好地管理车辆资源。

为了最大限度地利用有效资源，文献［26］提出了一种资源优化配置方法，即将系统期望平均报酬最大化问题的最优解表示为半马尔可夫决策过程（Semi-MDP，SMDP），并采用迭代算法求解SMDP问题。文献中动态车辆云由可与车辆网络共享资源的车辆组成，该车辆云由多辆车组成，这些车辆组成一个集群。文献［25］认为集群由策略构建和维护，同时集群的分配请求由控制者管理。

6.3.2.3 讨论及挑战

这种管理形式的一个问题是车辆超载下的资源分配，因此需要确定车辆使用的最佳分配方案。由于承载网络的特点，不能直接对分配资源进行管理。例如，如果通过虚拟机分配资源，则需要计算能力和显著的网络容量来支持虚拟机迁移。车辆网络的另一个问题与传输时间有关，例如存在网络碎片。尽管这些解决方案可能会带来高度的开销与冲突，一些辅助解决方案可用于数据分发。集群可以用来防止这种情况。除了减少网络消息的数量之外，这种机制还能更好地分配资源。然而，这种解决方案可能会受到分配时间的限制，因为资源的提供直接依赖于构建集群所需的时间，而这种解决方案需要消耗大量时间。

表6.2列出了所述工作使用的特点和机制。由于车辆网络资源管理的特点，必须解决车辆速度、机动性和传输时间等问题。因此，需要建立一个有效的资源分配机制，以便在车辆间通信时间较短的情况下快速进行资源分配。在车辆资源限制下，必须有效地执行资源分配，而无须计算车辆的开销。

表6.2 车辆资源管理的工作

学者	资源机制	资源调度	资源迁移	概率统计方法
Arkian等	√	√	√	模糊学习法
Kumar等		√		贝叶斯联盟博弈
Sibai等	√	√		时空相似度

用于分配的结构直接影响车辆之间资源的迁移形式。因此，需要简化这一结

构，从而在不影响资源的使用，也不运用控制消息的基础上，使网络迁移速度快、效率高。这些挑战涉及信息的通信和聚合，可以促进车辆之间的快速合作机制，并满足所请求资源的服务质量要求。

另一个挑战是优化调度机制的功能，这需要同时考虑请求执行的要求和车辆的移动特性。因此，这一机制应不仅优化适合特定资源的车辆选择，还应在资源迁移时作为支持工具服务。

6.4 车辆云的服务发现

资源发现定义为请求资源并从云控制器接收响应的过程，资源发现依赖于资源请求。考虑需要车辆云（VC）提供特定资源 r 的一辆车或一组车辆，车辆云有一组可供用户请求的资源 R。因此这些用户向负责管理资源请求的 VC 组件发送请求，在组件收到请求后，它能够验证资源的可用性；然后向用户发送响应。当只考虑一个 VC 时，组件可以是受控云；当考虑一组 VC 或联合 VC 时，组件可以是代理。

考虑通过路侧单元或车辆互连的一系列车辆云，这些车辆云在没有外部基础设施可用的情况下，可以构建通向数据中心或微云的替代路径。为此，将资源发现研究分为两个部分：①RSU 作为资源发现管理者；②车辆作为资源发现管理者。由于 VC 是一个新兴的领域，在 VC 资源发现方面的研究还比较少，因此本章介绍了 VC 中资源发现的新技术。

6.4.1 资源发现管理者：路侧单元

当多个云连接到一个 RSU 时，这个 RSU 可以作为这些云中的代理来发现和管理车辆网络中的资源。因此，当车辆从 RSU 请求服务时，可以检测出最合适的云来处理服务请求，并在接受请求的情况下分配和管理资源。下文将描述怎样处理资源发现。

6.4.1.1 数据分发

分发协议旨在快速有效地向车辆和控制中心传输相关信息。但是这种分发协议必须处理广播数据风暴问题，以控制消息或避免以前分发的信息使网络过载。

这种传播协议可以用来传播特定资源信息，由于 RSU 对网络的视野比车辆广泛，因此可以选择一组车辆来进行资源搜索的传播。由于只有少数车辆传播消息，因此通过 RSU 的控制可以减少网络中请求消息的数量，从而减少了广播数据风暴。

下文将描述一些运用数据传播作为资源搜索机制的解决方案。

文献［28］将 RSU 作为云目录来存储有关 VC 服务器的信息，从而提出了一种云服务发现协议，因此，该协议形成了此类服务器的分布式动态索引。该协议将云服务器定义为通过 RSU 提供服务或资源的传输服务器（STAR）。此外，所提出的方法包括识别服务均可以由 STAR 提供。RSU 可以存储与服务相关的信息，例如服务属性、资源单元消耗、服务质量等。此外，RSU 选择最佳候选 STAR 以满足用户需求。在这种情况下，STAR 可以帮助 RSU 发现和管理 VC 中的新资源和服务工具。STAR 可以提供在密集网络中更高的 QoS，因为它比 RSU 更接近请求者，从而加快了与 RSU 和云的通信速度。

为了直接处理资源发现问题，文献［23］中提出了一种面向服务体系结构的中间件 VsdOSGi。中间件基于 OSGi 框架，主要包含四个层：设备包、服务发现包、DssOSGi 包和应用程序包，VsdOSGi 侧重于发现最合适的智能传输应用程序服务。基于 QoS（SDQ）的资源发现算法根据服务需求的不同，可以采用不同的方法计算服务质量。因此，该算法提供了一个最优的服务来满足许多请求者的需求和约束。服务发现算法分为四个阶段：①资源可用的车辆向 RSU 的服务目录发送消息，通知 RSU 提供服务；②车辆向 RSU 的服务目录发送请求，订阅 RSU 的服务；③RSU 将订阅的服务与已发布的服务进行匹配，并对服务请求进行响应；④车辆接收到对其请求的响应，选择最终的服务提供者，并绑定所需的服务。

6.4.1.2 集群

集群是一种将车辆分组以便于通信的技术。车辆分组有几个标准，如速度、方向、车辆数量、后续车辆等。在城市中对车辆进行分组的最简单方法是基于车辆所在的方位，所有位于同一街道、彼此跟随或位于同一个街区上的车辆都被归类为同一个集群，因此每条街道都有其集群。另一种常见的分组方法是通过方向，在给定区域内沿相同方向行驶的所有附近车辆都属于同一个集群。

集群包含如下的元素：
- 簇头，管理集群及其资源。
- 网关，负责促进多个集群之间的通信。
- 成员车辆，即参与特定集群的车辆。
- 未知车辆，即没参与任何集群的车辆。

在属于集群的车辆中，通过筛选过程来确定簇头和网关。确定之后，这些信息将传播到集群的所有车辆中，以便他们能够知道网关是谁以及集群的控制者是谁。

集群技术被广泛地用于车辆之间的通信结构中，该技术可以减少通过网络发送的消息数量。集群中的任何请求或通信首先需要通过簇头，以便稍后转发到目标车辆。下文将介绍遵循此策略的一些研究。

文献［3］提出了 COHORT 车辆云，COHORT 使用 RSU 为车辆提供服务，并帮助管理 RSU、发现车辆网络中的新资源。COHORT 利用 CaaS 作为云服务来增加可用服务的覆盖范围，在传输范围内的车辆均可以使用 RSU。通过车辆之间的通信，在集群理论上建立 CaaS。这些集群是动态形成的，集群中的一个成员被选作簇头。作为 RSU 和车辆之间的通信桥梁，簇头主要负责与 RSU 和其他车辆通信。同时簇头也负责创建、维护和删除服务，因此簇头旨在帮助管理 RSU 并发现云中车辆的服务和资源。

6.4.1.3 展望

RSU 可以发现新资源并管理资源，可以考虑在传统云中使用资源发现来解决问题。这是因为云和 RSU 之间的通信是有线的，且设备是不可移动的。作为资源和服务的提供者，VC 可以使用车辆网络，因此，提出的解决方案需要新的理念来处理车辆的高机动性、RSU 与车辆之间的连接时间以及车辆网络的其他方面。

表 6.3 总结了现有主要研究的特点，列出了每项研究的特点。下文将详细介绍。

文献［28］虽然使用传输服务器来帮助发现资源，但仍然受限于传输服务器和路侧单元之间的通信时间，从而阻碍了资源发现和管理。文献［3］也存在同样的问题，该文提出了一种涉及车辆和 RSU 之间密集通信的解决方案，这也会导致消息之间存在大量冲突。文献［23］提出了一种动态辅助机制 VsdOSGi，该机制考虑了车辆的高机动性、车辆与 RSU 之间的连接时间问题，但对于选择簇头以及选择有助于车辆之间、簇头与 RSU 之间通信的车辆机制具有很高的计算复杂度。因此，该机制可以利用传统云计算中的信息存储元素，并可以帮助代理（路侧单元）发现和管理资源。该辅助机制考虑车辆的高机动性和 RSU 与车辆之间的通信时间限制，没有引入高计算开销，可以避免影响 VC 中的计算资源。

表 6.3 路侧单元服务发现的研究

研究	主要特点	支持	缺点
服务发现和协议[28]	车辆云查找和服务的发现	传输服务器	车辆移动性
COHORT[3]	服务提供者选择	簇头	簇头选择的复杂性
VsdOSGi[23]	服务发现中间件	—	缺少服务发现支持

由于 RSU 通过互联网相互连接，并假定与数据中心存在连接，因此在云中它们能够采用相同的协议。然而，要实现这一点，任何可用的解决方案都必须处理车辆网络中发现的所有限制。因此，协议需要汇集车辆提供的资源，并满足车辆的服务需求。

在这种情况下，一个巨大的挑战是创建信息存储结构。因为 RSU 可能具有支持存储结构的低计算能力，因此它不会对计算资源造成高复杂性。此外，必须设计简单、动态的机制，从而使资源的聚集、搜索和管理能够满足数据中心的需求，满足车辆网络的独特约束，并不会使控制消息网络过载。

6.4.2 资源发现管理者：车辆

考虑车辆无法与 RSU 甚至数据中心连接的情况，车辆需要相互协作，从而生成一个能够聚集资源并向其他车辆提供服务的基础设施。在这种情况下，我们考虑两种可能的情况：

- 车辆本身就是云。车辆可以表示为车辆网络中可供其他车辆使用的资源。在这种情况下，每辆车都需要通过与其他 VC 的互联来执行资源发现，并传播消息。因此，车辆（控制云）可以验证其资源是否与服务请求匹配或者指引其他云（车辆）。
- 一组车辆形成云。一组车辆通过彼此通信创建云。在这个集合中，选择一个车辆来控制云中的请求和资源。此外，车辆可以选择一个元素（车辆）作为不同车辆组之间的网关，这些网关可以被视为云中的代理。

6.4.2.1 数据分发

在车辆之间传播请求是 VC 中搜索资源的最简单方法之一。因此，如果将每一辆车视为云时，网络上的控制消息包含了最简单的资源发现技术。使用这种技术，消息被传播到包含所需资源的云中。由于这种机制必然会产生广播数据风暴，因此它会导致网络过载。另一种策略是使用现有的车辆网络数据进行协议分发，大部分协议旨在传播特定城市道路上的事故和交通信息。

部分学者采用传统的数据分发协议来解决资源发现问题，即根据车辆的机动性、所需服务的可用性和其他网络参数制定服务规则。服务可以提供给请求资源的车辆，为此，方案中假定存在请求车辆和服务提供车辆两类车辆。请求车辆请求云中的一个或多个可用服务。请求车辆是 VC 的发起者，因此，它被命名为领队车。领队车负责：①搜索愿意提供服务的候选车辆；②启动云；③维护云；④消除云。

另一方面，服务提供车辆向请求车辆提供服务，服务提供车辆可以是车辆网络中固定或移动的车辆。使用时空相似性算法来计算两个车辆之间的公共通信间隔，其中存在请求者/服务提供者关系。时空相似性算法的输出返回通信持续时间，该持续时间由通信时间和限定的通信间隔给出。当请求者试图通过解决广播数据风暴问题，并减少网络开销中的重新传输机制时，通过发送请求就可以搜索和分配 VC 中的资源。

6.4.2.2 发布-订阅

一组车辆在云中发布它们提供的一组功能或服务，从而通过发布订阅机制减少由于数据包分发而产生的网络消息量。这种发布方法是通过网络上的广播来完成的。车辆通过订阅或接收有关服务的信息便可以使用这些资源，其中通信仅限于为车辆发布服务资源和订阅服务资源，从而减少在网络上传播的消息量。

文献［22］提出了一种基于位置的分布式服务发现协议（Distributed

Location – Based Service Discovery Protocol，DLSDP）。该协议将车辆分为三类：①分布式目录服务车辆；②网关车辆；③成员车辆。该方法通过区域来组织资源发现的基础设施，其中基础设施由多个生成树为基础。树的根是使用区域服务发现功能的领队车辆，基于位置的请求独立于相应的领队车辆，最终根据请求来实现车辆的服务需求。

6.4.2.3 P2P

P2P 是计算机网络的一种架构，其中网络的每个节点都可以被视为客户端或服务器，在不需要中央服务器的情况下，这些节点允许共享服务和数据。通常在网络上的车辆间创建一个抽象层，从而便于通信和资源管理。这种体系结构可以是分散的，也可以是混合的。分散体系结构不包含执行资源控制的中心元素，并且所有节点都具有相同的能力。当对等端需要服务时，它向其邻居发送消息，如果邻居包含所请求的资源，将向请求者发送响应；否则，邻居会将继续将请求发送给其他的邻居。

在混合网络中，节点可以分为超级节点和对等节点。超级节点是具有更大处理能力、内存和资源的节点，对等节点由拥有通用容量的所有其他节点组成。超级节点有一些可用资源，它们只管理云中部分可用资源。因此，一旦对等节点需要某个资源，它就会向它所连接的超级节点发送请求，超级节点在接收到该信息后，会验证它是否能够响应请求。如果可以，超级节点将向对等端发送响应；否则，它会检查其他超级节点是否具有请求的资源。

这种技术不仅可以创建连接层来促进车辆之间的通信，还可以通过在车辆之间分配资源，以让车辆运用控制信息在非网络过载的情况下搜索资源。

下文将描述一些使用 P2P 架构促进云资源发现的研究。

为了解决资源管理和发现问题，文献 [20] 提出了一种基于发布订阅范式的车辆云体系结构。在这项工作中，资源完全通过 P2P 通信进行互连，因此，车辆之间可以直接进行资源共享。一个车辆在云中可以被选择，并充当代理来发现和管理其他车辆（云）之间的资源。在体系结构中，指挥云被定义为运行应用程序的车辆。指挥云招募成员，这些成员可以根据此应用程序的需求提供资源来生成车辆云。在车辆领队获取了应用程序所需的资源之后，它向搜索范围内的车辆发送资源请求消息。搜索范围由路段、交叉口或预定义的距离分隔。愿意共享资源的车辆响应指挥云的请求，并综合他们的资源能力。

文献 [25] 基于 Gnutella 的概念定义了用于搜索和管理车辆云资源的 P2P 协议，该协议通过引入覆盖层来帮助发现和管理云中的资源。协议分为两个主要部分：①资源管理——创建和控制一个覆盖层，并帮助发现和管理资源；②路由——处理请求和响应消息的传播。提出的协议将网关视为代理，帮助请求者或控制器在 VC 中互连。因此，车辆和云控制器使用网关在其他云中寻找满足服务需求的资源。其中资源发现考虑车辆位置、平均速度、消息延时等参数，从而估计车辆位置,方便资源搜索。

6.4.2.4 展望

表 6.4 总结了本章所涉及方法的特点,下文将展开更详细的描述。

VCS 中资源发现的主要挑战是缺少外部基础设施,该基础设施可以支持和促进 VCS 中可用资源的搜索和管理。集中的方法有助于在网络不超载与信息可控情况下,使车辆完成快速通信。文献[20,36]提供了一种满足所提议需求的资源发现机制,为了保持支持结构不变,这些解决方案需要大量消息来处理网络断开问题。文献[22,25]利用了更有效的通信机制,然而,这些方法在云的创建和维护中呈现出更大的复杂性,因此需要更多的计算迭代资源。

表 6.4 车辆服务方法总结

方法	支持技术	传播方法	缺点
MAP	数据分发	有限传播	开销
发布/订阅车辆云架构[20]	发布-订阅	传播	开销
DLSDP[22]	生成树	分层	协议复杂性
点对点协议[25]	Gnutella	集群	协议复杂性
数据分发协议[36]	数据分发	广播	开销

因此,在 VC 中处理资源发现的协议必须简单,从而最小化控制消息的数量。这一协议需要创建满足 VC 需求,并能克服移动网络限制的基础设施。

由于车辆网络的特点,在没有任何外部基础设施的情况下解决资源发现问题成为 VC 面临的最复杂的挑战。为了能够获得所需的服务,车辆必须自我管理并协调自身嵌入式资源,并从其他车辆动态收集资源。从这个角度来看,VC 可以由单个车辆或一组车辆组成。每辆车都可以建立一个 VC,管理资源并使其可供相邻车辆使用。另一方面,车辆可以相互协作,从而创建一个以协调方式聚合并管理许多可用资源的结构。

如果我们将车辆视为云,为了避免发送可能导致车辆网络开销的不必要消息,资源发现解决方案需要简单。此外,这些解决方案需要使车辆设备轻量化,以便车辆运行而不会过度使用自身资源。因此,这些挑战与信息的通信聚合有关,这些通信提供车辆之间的快速合作机制,并创建代理服务,促进其他云(车辆)之间的资源发现。

另一个挑战涉及创建一种可以汇集不同车辆的可用资源的结构,该结构提供云服务。这个结构需要足够的动态性来支持云中车辆的到达和离开。此外,还须开发简单的选择算法,以选择哪一辆车为领导者,哪一辆车可以作为与其他 VC 通信的网关,从而作为资源发现的中介来协助通信。最后,这种结构的维护不应影响车辆网络的性能。

6.5 本章小结

本章介绍了车辆云的概念，不仅包括了云元素的体系架构，还包括了构成车辆云的网络元素；介绍了车辆云的资源管理问题，这是一个充满挑战的问题，涉及资源配置、云中的资源迁移以及考虑承载网络特性的资源调度。本章还介绍了车辆云研究领域的一个新课题——车辆云的资源发现，展示了该课题的发展机遇和多个可探索的方向，其中包括信息存储结构、通信机制、车辆间协作机制等，接着列出并解释了最先进的资源发现和管理技术。最后，本章还讨论了车辆云在动态资源识别和协调方面所面临的主要挑战及机遇。

参考文献

1. Abdelhamid S, Benkoczi R, Hassanein HS (2017) Vehicular clouds: ubiquitous computing on wheels. Springer, Berlin, pp 435-452
2. Arif S, Olariu S, Wang J, Yan G, Yang W, Khalil I (2012) Datacenter at the airport: reasoning abouttime-dependent parking lot occupancy. IEEE Trans Parallel Distrib Syst 23 (11): 2067-2080
3. Arkian HR, Atani RE, Diyanat A, Pourkhalili A (2015) A cluster-based vehicular cloud architecture with learning-based resource management. J Supercomput 71 (4): 1401-1426
4. Baby D, Sabareesh RD, Saravanaguru RAK, Thangavelu A (2013) VCR: vehicular cloud for road side scenarios. Springer, Berlin, pp 541-552
5. Baron B, Campista M, Spathis P, Costa LHM, de Amorim MD, Duarte OCM, Pujolle G, Viniotis Y (2016) Virtualizing vehicular node resources: feasibility study of virtual machine migration. VehCommun 4: 39-46
6. Baykal-Gürsoy M (2010) Semi-Markov decision processes. Wiley encyclopedia of operations research and management science. Wiley, New York
7. Bitam S, Mellouk A, Zeadally S (2015) VANET-cloud: a generic cloud computing model for vehicular ad hoc networks. IEEE WirelCommun 22 (1): 96-102
8. Boutaba R, Zhang Q, Zhani MF (2013) Virtual machine migration in cloud computing environments: benefits, challenges, and approaches. In: Communication infrastructures for cloud computing. IGI Global, Hershey, pp 383-408
9. Cordeschi N, Amendola D, Shojafar M, Baccarelli E (2015) Distributed and adaptive resource management in cloud-assisted cognitive radio vehicular networks with hard reliability guarantees. VehCommun 2 (1): 1-12
10. Dantzig G (2016) Linear programming and extensions. Princeton University Press, Princeton
11. Florin R, Ghazizadeh P, Zadeh AG, Olariu S (2015) Enhancing dependability through redundancy in military vehicular clouds. In: Proceedings of the IEEE military communications conference. IEEE,

Piscataway, pp 1064 – 1069

12. Florin R, Abolghasemi S, Zadeh AG, Olariu S (2017) Big data in the parking lot. Taylor and Francis, Boca Raton, pp 425 – 450
13. Florin R, Ghazizadeh P, Zadeh AG, El – Tawab S, Olariu S (2017) Reasoning about job completion time in vehicular clouds. IEEE Trans IntellTransp Syst 18 (7): 1762 – 1771
14. Gerla M (2012) Vehicular cloud computing. In: Proceedings of the 11th annual Mediterranean ad hoc networking workshop, pp 152 – 155
15. Ghazizadeh P, Florin R, Zadeh AG, Olariu S (2016) Reasoning about mean time to failure in vehicular clouds. IEEE Trans IntellTransp Syst 17 (3): 751 – 761
16. Gkatzikis L, Koutsopoulos I (2014) Mobiles on cloud nine: efficient task migration policies for cloud computing systems. In: Proceedings of the IEEE 3rd international conference on cloud networking. IEEE, Piscataway, pp 204 – 210
17. Gu L, Zeng D, Guo S (2013) Vehicular cloud computing: a survey. In: Proceedings of the IEEE globecom workshops, pp 403 – 407
18. Ieong S, Shoham Y (2008) Bayesian coalitional games. In: Proceedings of the AAAI, pp 95 – 100
19. Kumar N, Iqbal R, Misra S, Rodrigues JJ (2015) Bayesian coalition game for contention aware reliable data forwarding in vehicular mobile cloud. FuturGenerComput Syst 48: 60 – 72
20. Lee E, Lee EK, Gerla M, Oh SY (2014) Vehicular cloud networking: architecture and design principles. IEEE Commun Mag 52 (2): 148 – 155
21. Li K, Zheng H, Wu J (2013) Migration – based virtual machine placement in cloud systems. In: Proceedings of the IEEE 2nd international conference on cloud networking. IEEE, Piscataway, pp 83 – 90
22. Liu C, Luo J, Pan Q (2015) A distributed location – based service discovery protocol for vehicular ad – hoc networks. In: International conference on algorithms and architectures for parallel processing, pp 50 – 63
23. Luo J, Zhong T, Jin X (2016) Service discovery middleware based on QoS in VANET. In: Proceedings of the 12th international conference on natural computation, fuzzy systems and knowledge discovery, pp 2075 – 2080
24. Meneguette RI (2016) A vehicular cloud – based framework for the intelligent transport management of big cities. Int J Distrib Sens Netw 12 (5): 8198597
25. Meneguette R, Boukerche A, De Grande R (2016) SMART: an efficient resource search and management scheme for vehicular cloud – connected system. In: 2nd Proceedings of the IEEE global communications conference: mobile and wireless networks, Washington
26. Meneguette R, Boukerche A, Pimenta A, Meneguette M (2017) A resource allocation scheme based on Semi – Markov decision process for dynamic vehicular clouds. In: Proceedings of the IEEE ICC 2017 mobile and wireless networking, Paris
27. Meng H, Zheng K, Chatzimisios P, Zhao H, Ma L (2015) A utility – based resource allocation scheme in cloud – assisted vehicular network architecture. In: Proceedings of the IEEE international

conference on communication workshop, pp 1833-1838
28. Mershad K, Artail H (2013) Finding a star in a vehicular cloud. IEEE IntellTransp Syst Mag 5 (2): 55-68
29. Olariu S, Khalil I, Abuelela M (2011) Taking VANET to the clouds. Int J Pervasive ComputCommun 7 (1): 7-21
30. Olariu S, Hristov T, Yan G (2013) The next paradigm shift: from vehicular networks to vehicular clouds. In: Mobile ad hoc networking: cutting edge directions, 2nd edn. Wiley, London, pp 645-700
31. Puterman ML (2014) Markov decision processes: discrete stochastic dynamic programming. Wiley, London
32. Refaat TK, Kantarci B, Mouftah HT (2014) Dynamic virtual machine migration in a vehicular cloud. In: Proceedings of the IEEE symposium on computers and communications, Workshops, pp 1-6
33. Refaat TK, Kantarci B, Mouftah HT (2016) Virtual machine migration and management for vehicular clouds. VehCommun 4: 47-56
34. Salahuddin MA, Al-Fuqaha A, Guizani M, Cherkaoui S (2014) RSU cloud and its resource management in support of enhanced vehicular applications. In: Proceedings of the IEEE Globecom Workshops, pp 127-132
35. Shojafar M, Cordeschi N, Baccarelli E (2016) Energy-efficient adaptive resource management for real-time vehicular cloud services. IEEE Trans Cloud Comput PP (99): 1-1
36. Sibaï RE, Atéchian T, Abdo JB, Tawil R, Demerjian J (2015) Connectivity-aware service provision in vehicular cloud. In: Proceedings of the international conference on cloud technologies and applications, pp 1-5
37. Tao J, Zhang Z, Feng F, He J, Xu Y (2015) Non-cooperative resource allocation scheme for data access in vanet cloud environment. In: Proceedings of the third international conference on advanced cloud and big data, pp 190-196
38. Thomas RW, Friend DH, Dasilva LA, Mackenzie AB (2006) Cognitive networks: adaptation and learning to achieve end-to-end performance objectives. IEEE Commun Mag 44 (12): 51 57
39. Whaiduzzaman M, Sookhak M, Gani A, Buyya R (2014) A survey on vehicular cloud computing. J NetwComput Appl 40: 325-344
40. Yao H, Bai C, Zeng D, Liang Q, Fan Y (2015) Migrate or not? exploring virtual machine migration in roadside cloudlet-based vehicular cloud. ConcurrComputPract Exp 27 (18): 5780-5792
41. Yu R, Zhang Y, Gjessing S, Xia W, Yang K (2013) Toward cloud-based vehicular networks with efficient resource management. IEEE Netw 27 (5): 48-55
42. Yu R, Zhang Y, Wu H, Chatzimisios P, Xie S (2013) Virtual machine live migration for pervasive services in cloud-assisted vehicular networks. In: Proceedings of the 8th international conference on communications and networking in China, pp 540-545
43. Yu R, Huang X, Kang J, Ding J, Maharjan S, Gjessing S, Zhang Y (2015) Cooperative resource

management in cloud – enabled vehicular networks. IEEE Trans Ind Electron 62（12）：7938 – 7951
44. Zhang J，Ren F，Lin C（2014）Delay guaranteed live migration of virtual machines. In：Proceedings of the IEEE INFOCOM. IEEE，Piscataway，pp 574 – 582
45. Zheng K，Meng H，Chatzimisios P，Lei L，Shen X（2015）An SMDP – based resource allocation in vehicular cloud computing systems. IEEE Trans Ind Electron 62（12）：7920 – 7928
46. Zingirian N，Valenti C（2012）Sensor clouds for intelligent truck monitoring. In：Proceedings of the IEEE intelligent vehicles symposium，pp 999 – 1004

第 7 章
应用程序与服务

随着城市机动化水平的急速上升,道路拥堵、环境污染、交通事故等问题日益显著,造成了生态环境、社会经济等方面的损失。为解决这一系列问题,研究人员将车联网技术融入智能交通系统中,开发出能够提高城市机动化出行效率的新型应用程序。这些应用程序集合各种技术,对城市路况进行甄别和监控,并在遇到紧急情况时制定应急方案。本章将详细介绍数据传输、车辆云技术等智能交通系统中的主要应用程序。

7.1 引言

当前,越来越多的汽车制造商、政府部门、高校机构等都开始重视车联网技术对社会发展的巨大推动作用。车联网作为一种信息传播的工具,通过实现车辆之间的实时通信,从而达到缓解道路拥挤和减少交通事故数量的目的。实现车联网技术的另一关键是配置相关应用程序,这些应用程序不仅可以辅助安全驾驶,还有利于提高乘客的乘车体验。

智能交通系统(ITS)概念提出后,运输系统和交通管理方面的配置应用显著增加。ITS 旨在增加交通安全性、提升出行舒适性,以提高城市通行效率。因此,ITS 是各种先进技术有效集成的高效交通运输系统。

以下案例有力阐述了 ITS 的潜在价值。一方面,交通拥堵会给国家带来巨大的经济负担。得克萨斯州交通研究所对美国交通拥堵带来的损失估算报告表明,美国每年因交通拥堵而造成的经济损失高达 1600 亿美元。此外,一项研究指出在欧洲交通拥堵带来的经济损失占每年生产总值的 2%。同时,Cintra 等人的研究表明在巴西这样的发展中国家,每年因交通拥堵造成的损失更是高达 1800 亿美元。另一方面,交通拥堵在给国家带来经济负担的同时,也会对生态环境造成破坏。譬如,全美 25% 的二氧化碳来自于道路运输。同时,出行成本随私家车使用率的提高而增加。一份来自 IBM 的评估报告说明,现有全球的私家车数量已经超过 10 亿辆,并且到 2020 年,数量可能会翻一倍。美国交通部也表明,从 2002—2011 年,美国的注册车辆已经从 2.34 亿辆激增到 2.53 亿辆。

而 ITS 的应用功能可以减轻以上由交通运输带来的损失。智能交通系统中的应用程序以及服务功能在收集并分析实时、动态交通数据的同时,也可提供出行者相关的出行信息,如车辆定位、当地新闻播报等,从而降低交通出行成本、减少交通事故率以及增加出行者的出行舒适度。

ITS 借助传感器、多媒体、计算机和通信技术,实现相关数据的收集、传输和分析,使车辆感知外界环境变化。简言之,智能车辆不仅能够提高交通出行效率,也能够作为一种收集实时数据的来源,它将成为智慧城市的重要组成部分。

本章节主要介绍了在智能交通系统中能够提高城市出行效率的应用服务程序,这些应用程序是基于云服务实现的。本文的其余章节安排如下:7.2 章节介绍了各种车联网的应用程序,7.3 节说明了 ITS 中大数据的作用,7.4 节对应用前景进行展望,7.5 节为本章小结。

7.2 应用程序

车联网(Vehicular Ad Hoc Network,VANET)能够实现车辆与车辆之间、车辆与基础设施之间的交互,为用户提供高效的出行服务。尽管车联网的设计初衷是提高交通的安全性,但随着技术的发展,也产生了其他相关的性能[33]。应用程序主要分为以下两类:

- 安全型应用程序:用于提高行车安全的应用程序,例如紧急预警系统、协同碰撞警告等。这类应用程序通过接收、发送实时的道路信息来提高道路出行的安全性。因此,这类程序能够将道路上发生的交通事故的信息及时地发送给驾驶员或者感应到道路上的信号标志,将信息反馈给过路车辆。
- 舒适型应用程序:用于提高乘车舒适性、通行效率的应用程序,例如交通信息系统等。这类应用程序通过提高交通效率以及对路径进行优化来提高出行的舒适性,也可以通过聊天、语音等与其他车辆的乘客实现交互。

下面将具体介绍车联网安全型与舒适型应用。

7.2.1 安全型应用程序

安全型应用程序旨在减少道路交通事故。这类应用程序必须及时地收集、发送路况信息,以便车辆或者驾驶员及时采取措施避免发生交通事故,因此这类应用程序应规避时间延迟的风险。为有效解决这一问题,采用数据技术以及车对车通信技术来缩短信息延迟的时间。

以下是汽车行业与学术研究中使用较多的应用程序:

- 交通事故通告:主要用于发生交通事故的情形。道路上一旦发生交通事故,受到影响的车辆将相关数据传递给其他车辆,包括事故车辆的位置信息,使得车辆和驾驶员能够对事故做出反应并及时呼叫救援人员。该类程序能够在车车通信

(Vehicle—to—Vehicle，V2V) 和车物通信（Vehicle—to—Infrastructure，V2I）中使用，保证了事故信息能够及时传递给附近的车辆以及相关部门，从而迅速采取措施。这种传递机制最大的好处是能降低传递错误事故信息的概率。

- 协同碰撞预警：用于在车辆即将发生碰撞时，对驾驶员进行提醒，以避免发生交通事故。协同碰撞预警的应用原理是，首先需要在车辆上安装一组传感器，同时对不同车辆的驾驶员操作行为进行分析，从而避免发生车辆碰撞。
- 变道辅助：用于在超车或者换道时，对驾驶员的行为进行监控，同时生成相关信息并传递给附近车辆。车道变换辅助系统可分为主动模式与被动模式。在被动模式下，系统只对在超车或者换道时所涉及的车辆之间进行间距计算；而在主动模式下，车辆之间进行实时通信，并监控车辆之间的间距变化。当有车辆进行变换车道或者超车时，系统会及时将信息传递给附近车辆。
- 道路危险预警：用于在发生滑坡等突发事件和急转弯、突然下坡等情况时，及时将路况信息传递给附近车辆。
- 交通预警：借助道路上安装的摄像头等设备对驾驶员的驾驶行为进行监控，从而减少因怒路症和违法驾驶而导致的交通事故。

目前，许多研究人员已相继开发出用于道路安全及驾驶安全的应用程序。如 Meneguette 等人提出了一种汽车高速公路车联网的自主数据传输（Autonomic Data Dissemination in Highway for VANET，ADDHV）的数据传输协议。ADDHV 用于通知事故发生点附近的车辆。该协议仅为 V2V 设计，延迟较低，这使得事故发生点附近的驾驶员能够采取相应的措施，从而提前绕道行走避免交通拥堵；Akabane 等人提出了一种基于城市广播协议（suiTable URban Broadcast protocol，TURBO）的警报信息传播机制，该机制利用车车通信，对在兴趣区域内的车辆进行传播警报；基于该研究，Souza 等人还提出了一种称为"漂移"的车联网警报系统（DRIFT）。这种系统使用了一种路径变换机制，除了能够收发有关交通事故的信息外，还能通过改变行驶路径及时绕道，避免事故现场的拥堵。图 7.1 简述了该系统的工作原理。在车辆 5 即将发生交通事故时，系统开始工作。相邻车辆（车辆 1、2、3 和 4）在收到反馈后，重启信息传输的过程。但是，并非所有车辆都在重新传输区域内，所以只对在区域内的 2 号和 4 号车辆有效，而不在区域内的车辆（1 号和 3 号）不进行传输，从而避免重复传输。之后重复上述过程，直到兴趣区域内所有车辆都得到相关信息。

这些机制采用 V2V 通信进行信息传输。但使用 V2I 通信的应用程序，借助数据信号，可以向附近车辆和控制中心同时进行信息传输。如 Zaldivar 等人利用 Android 应用程序以及与车载诊断（OBD）的端口交互作用来检测是否有交通事故发生。如果发生事故，应用程序将被激活，并将传输的信息附上警告标记。试验结果表明在不到 3s 的时间内，应用程序便会对事件做出反应；现有应用程序能够将交通事故相关信息发送给控制中心，使得事故处理人员能及时地对事故进行处理。

这些程序借助追踪监控系统，在事故应急小组到达前，制定出相关的行动方案，为事故处理提供参考。

7.2.2 非安全型应用程序

舒适型应用程序，也称为非安全型应用程序，旨在为驾驶员和乘客提供更高效、舒适的出行。这类程序能够实现不同车上的乘客与驾驶员进行短信、语音等通信。

与安全型应用程序相比，这类应用程序对于发送和接收消息的时间并没有特定标准，且更侧重于日常的应用。因此，这些应用程序旨在实现乘客和驾驶员之间的相互交流，既能增加乘车舒适性，又能使出行更加高效。由于这类应用的数量众多，我们按传感、交通管控、多媒体功能进行细分。

7.2.2.1 传感应用

借助传感器、摄像机、计算机等设备和通信资源库，车辆收集、传递并分析相关数据，实现

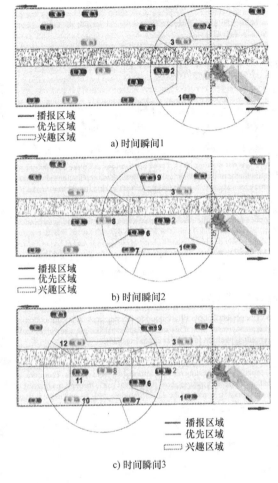

图 7.1 公路事故期间发布的警告示例（见彩插）

辅助驾驶。传感应用不仅是智能城市在车辆交通管理中的一部分，而且是能够获取车辆最全的实时信息的计算平台。

城市中大量的交通流使得利用试验车辆收集传感数据成为可能。传感应用通过汇总车辆传感器采集到的数据来获取有关道路状态的信息，并对城市交通的状况和状态进行推断。以下是应用示例。

Ganti 等人开发了一种基于 GPS 的导航服务系统，被称作绿色 GPS。该系统利用收集的数据对车辆的燃油消耗量进行估算，确定预期燃油消耗量，为驾驶员规划出最省油的出行路线。该系统利用车载诊断（OBD-II）接口以及扫描仪进行数据收集，通过输入的预测模型以及车辆路径生成器，使用 Dijkstra 算法进行路线预测。同时，利用城市燃油工况，从燃油消耗的角度来计算两点之间的最佳路线，预

计可以减少10%的燃油消耗。

绿色GPS分为会员与非会员两种模式。会员模式下，车辆上会安装OBD-II适配器或扫描仪以及与绿色GPS存储库协作的驱动程序；同时，用户拥有账户，还能够从系统中获得额外利益。非会员模式下，用户仅能使用系统查询省油路线。由于车辆上没有OBD-II适配器，因此系统仅根据系统中特定车辆的参数来评估车辆性能，对线路进行规划。

Chen等人开发了一种基于外包的路面监测（Crowdsourcing-based Road—Surface—Monitoring，CRSM）系统。CRSM系统是由一组安装在车辆上用于数据采集的硬件设备和一个用于多源数据融合的中央服务器组成。图7.2简单介绍了该系统的架构。每一块板载硬件都有一个微控制器（MCU）、GPS模块、三轴加速度计和GSM模块。

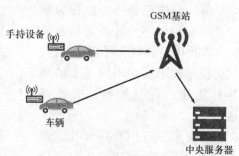

图7.2 CRSM系统架构图

当车辆在行驶时，微控制器通过加速度计和GPS提取速度和位置，并通过GSM模块将此信息传输到中央服务器。然后，中央处理器处理这些信息，并将其提供给用户。因此，CRSM可以有效地检测评估路面的平坦程度。Chen在深圳市区的100辆出租车上安装了该系统进行试验，结果发现对于路面的平坦程度的检测准确率高达90%。

此外，Massaro等人利用车辆传感器进行了超过1900次的数据采集来估算当地的气温。试验结果显示，车辆的温度读数与气象站测得的结果一致，同时，第一次读数的频率和分辨率高于最后一次读数。这表明可以利用安装在车辆上的传感器对城市局部的天气进行监控。但是，这些信息的获取对于城市的交通基础设施具有很高的要求。

7.2.2.2 交通管控应用

近几十年来，汽车数量的猛增导致城市交通的供需不平衡，使得城市的交通拥堵问题日益严重。根据美国交通部的一份报告显示，城市交通拥堵可能是由于交通事故、道路建设等引起的，但是仅仅通过改善道路基础设施不能解决城市交通拥堵的本质问题，只有从城市供需角度出发，安装交通智能设备，对城市道路进行有效的计算与分析，才能从根本上解决交通拥堵。交通管控应用通过提取车辆的相关信息，进行交通管理，从而提高城市出行效率。

交通管理系统（Traffic Management System，TMS）由车辆交通控制程序和传感器组成，其目的是通过集计各种交通数据信息，完善城市交通系统。因此，TMS具有推广价值，以提高出行安全性与高效性。以下是用于提高交通出行效率的方案。

Meneguette 等人提出了一种系统，它能够检测交通拥堵，并规划出新的行驶路线，称为城市和公路环境拥塞检测智能协议（INtelligent protocol of CongestIon DETection for urban and highway environment, INCIDEnT）。INCIDEnT 基于人工神经网络（Artificial Neural Network, ANN），对拥塞程度进行检测并分类。此外，INCIDEnT 还能够规划出行路径对拥堵路段进行避让。简而言之，INCIDEnT 系统的主要作用有：①通过协同信息传输使得有道路优先权的交通流率先通过，从而减少平均出行时间；②减少燃料消耗；③减少二氧化碳排放。

INCIDEnT 系统将车辆速度和相邻车辆的距离作为神经网络的输入参数。在神经网络模型中使用多层感知器来确定公路上的拥挤程度。图 7.3 展示了人工神经网络拓扑结构以及如何将输入数据用于学习。我们将用如下拓扑结构模型来配置模型的 RNA：①具有两个神经元的输入层，表示相邻车辆的车速和密度；②具有四个神经元的隐藏层，代表协议对拥堵级别的分类能力；③带有神经元的输出层，表示道路拥挤程度的分类。输出层数据经过归一化处理，激活函数为双曲正切函数，采用反向传播算法对网络进行训练。因此，从输出层获得的结果在 0~1 之间。

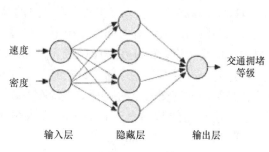

图 7.3　ANN 拓扑结构

INCIDEnT 对交通拥堵的程度进行划分：无拥堵、中级交通拥堵和交通拥堵。为了保持交通信息的实时性，系统每间隔 2s 对道路拥堵水平进行检测，以保证道路拥堵分级的准确性。所得到的信息（包括拥堵道路的位置和拥堵程度）实时地在网络上进行传递，车辆在接收到这一信息后检查能否正常通过信号定位，若无法通过，则重新规划绕行路线。

Souza 等人在之后的研究中开发了一种叫作 FASTER 的交通管理系统，该系统使用基于道路权重的概率 k - 最短路径算法（PKSP）对整个区域的交通状况进行分类。概率 k - 最短路径算法以 Boltzmann 概率算法为基础，对出行路径进行最优化计算。

FASTER 依靠 V2V 通信对交通信息进行收集、检测拥堵程度并选择出行成本较低的备选路线。在 FAETER 中，邻车之间进行相互通信，并建立一个关于交通信息的信息库，以便它能够检测到交通拥堵并进行路径优化。当检测到拥堵时，TASTER 通过使用协同线路，及时对拥堵路段进行绕道，以便更好地将车辆流量分布到整个区域，减轻交通压力。

Doolan 和 Muntean 开发了一种基于车辆周期性路径的交通管理系统，称为 Eco-

Trec 系统。作为一个多元解决方案，Ecotrec 使用一个中央服务器从车辆收集信息，并建立区域交通状况的信息库，然后将这些信息传递给车辆，以便他们可以根据燃油消耗量进行路线优化。由于 Ecotrec 不使用任何广播抑制机制的广播协议，因此，它可以反过来在交通流密集的场景中将出行成本加入系统进行计算。

除了对出行路径进行分配，另一种管理交通的方法是控制交通系统设备进行控制与优化，例如路线交通信号灯。以下是一些通过控制交通信号灯来提高交通出行效率的解决方案。

Younes 等人提出了一种智能交通信号灯控制（Intelligent Traffic Light Controlling，ITLC）算法。该算法旨在减少交叉口的延误时间，提高交叉口的通行量。在不超过该路段的最大绿灯时间的情况下，将最高交通密度的交通流加入系统，确定车辆通过的交叉口，保证在不超过最大允许绿灯时间的情况下实现道路交叉口的公平共享。Younes 还提出了一种干线交通灯（Arterial Traffic Light，ATL）控制算法，该算法是利用冲突交通流的实时交通特性来调度交通灯。

在上述研究的基础上，Younes 等人提出了情境感知交通灯调度（Context - Aware Traffic Light Scheduling，CA - TLS）算法。CA - TLS 算法通过调整交通灯的相位，以使车辆能够安全平稳地通过共享交叉口。这种策略减少了道路拥挤形成的等待时间。该算法根据信号交叉口所有交通流的交通密度配置灯来计算交通信号配时来对交通信号灯进行管理，并允许交通信号灯中断，使应急车辆顺利、安全地通过交叉口。

7.2.2.3 多媒体应用

车载多媒体应用能够为驾驶员和乘客营造便利、高质量的出行环境，在行车过程中用户可以休闲放松以及商务办公。多媒体应用基于互联网通信，能够迅速将信息反馈给用户。通过互联网通信技术，用户可以获取实时的交通信息，如道路流量、城市路况等，也可以根据自身需求获取相应的信息。

多媒体应用可以采用互联网与 P2P 通信相结合的方式，即使在没有网络信号的情况下，借助 P2P 通信仍可以分享文件、音乐、图片和视频或者在线聊天、联机游戏。

面对车辆位置不停变换、信号频繁断线的情况，互联网与 P2P 相结合的通信方式都可以保证通知功能、休闲娱乐功能、车辆动态监测功能以及自动泊车功能的正常使用，具体内容如下：

- 通知功能。此功能可以直接对驾驶员和乘客提供天气、交通状况，以及加油站、餐厅或药店具体位置等生活服务类信息。除此之外，当车辆经过某个信息点（Point of Information，POI）时，也可以通过 V2V 通信向其他车辆传递信息。
- 休闲娱乐功能。此功能可以为乘客提供休闲娱乐服务，比如乘客可以互相分享图片、视频等信息，还可以进行在线聊天、联机游戏等。
- 车辆动态监测功能。此功能可以为车主、汽车制造商以及营销商提供远程监测汽车行驶状态的服务。它能实时监控车辆的状态参数以及遇到的异常情况,并提醒驾驶员进行车辆维护。通过安装在车辆上的传感器,中央服务器或应用程序能够获取并存储车辆的行驶时间、行驶里程、燃油消耗量、机油液位、制动器和胎压等参数信息。

- 自动泊车功能。除获取停车场位置、自动支付停车费和显示空余车位数量外,车辆还可以自动泊车。这项功能不仅可以提示驾驶员当前停车场的空余车位数,还可以提供一种停放车辆间设备互联的移动云计算服务。目前,一些汽车品牌已经推出了类似的服务功能。

诚然,应用功能的实现需要硬件的支撑。如通知功能需要低带宽的网络连接;休闲娱乐功能需要强大的实时通信保障;自动泊车功能需要诸如汽车传感器、车载 GPS 定位等高精度设备。以下部分着重介绍开发多媒体应用的相关研究。

Huang 和 Wang 开发了一种实现车辆间信息共享的协同系统。该系统将车载网络划分为若干个单元,以便管理快速变化的网络拓扑结构。当每个手机都使用 P2P 路由协议时,就能使道路上的车辆接入同一个网络,从而实现信息共享。

Castro 等人研发了一种基于无线传感器管理公共或私人停车位的智能服务设施。该设施利用图像识别技术检测停车场中空余停车位的数量,并监测、管理以及更新空余停车位的信息,以避免停车场的交通拥堵,从而减少时间损耗和燃油消耗量,减轻车辆在寻找空余停车位时所造成的污染。

这种智能服务设施采用传感器检测剩余停车位数量,利用摄像头记录停车场动态。根据传感器和摄像头采集到的停车场数据,预知停车场内空余停车位的数量并通知驾驶员。如图 7.4 所示,该设施基于一个数据中心(云级别),建立信号连接系统、信息交互系统以及安全系统。驾驶员可使用手机或平板计算机的应用程序访问数据中心。

数据中心可以实时更新停车场信息。信号连接系统处理采集到的信息,然后将处理结果发送给手机 App,驾驶员就可以直接获知目的地附近停车场剩余的停车位数量。

图 7.4 Castro 等人提出的智能服务设施示意图

Li 等人提出了一种使用手机 App 定位汽车的方法。利用手机定位和导航功能,可以在大型停车场内准确并快速地锁定车辆位置。该应用程序利用二维码技术对目标车辆停放位置的信息来解码,如停车位、楼层,从而定位停车位置。所谓的应用程序就是一个离线地图，它通过扫描二维码来记录停车位置，规划出寻找汽车位置的最佳路径，以及进行实时导航。因此，驾驶员使用手机扫描二维码，应用程序解码信息，就可以在大型停车场快速地找到自己的汽车。

De Olario 以及 Floring 等人曾设想使用停车场的固定车辆来创建一个车辆云系统，用于处理和存储智能交通系统的相关信息，以便推动智能城市交通系统管理软件的开发。在此基础上，Tasseron 等人提出了一种减少交通拥挤和停车时间的道路停车系统，即在车辆上安装传感器，传感器检测路边可用停车位的信息，最后通过 V2V 通信将信息传递给附近的车辆。

7.3 ITS 中的大数据

当今社会每天产生的数据量超乎想象，上至城市数据服务器，下至人们的网络社交。而目前对于智慧城市的建设来说，如何高效益地处理如此庞大的数据量，则是一个急需解决的难题。要想实现大数据处理的效益最大化，传统方法是使用更高性能的计算机，并将数据存储在关系数据库中，以便使用结构化查询语言（Structured Query Language，SQL）进行处理。不过当数据量过大时，这些平台既不可扩展，也不适用。而目前更先进的方法是以非关系模型（Not Only SQL，NoSQL）为名，开发超越传统 SQL 的逻辑数据模型。实时的大型数据集分析需要 MapReduce 类似的框架来向数十、数百甚至数千的计算机分配工作，这已经是一个针对大数据的研究课题。

常规软件工具在一定时间内无法捕捉、管理和处理"大数据"这种数据集合。大数据主要有以下几个特征：

- 海量性（Volume）。大数据的特征首先就体现为"大"。顾名思义，即数据量庞大。随着信息技术的高速发展，数据开始爆发性增长。社交网络（微博、推特）、移动网络、各种智能工具、服务工具等，都成为数据的来源。迫切需要智能的算法、强大的数据处理平台和新的数据处理技术，来实时统计、分析、预测和处理如此大规模的数据，从而有效利用数据价值。
- 高速性（Speed）。高速性是指数据被创建和传输的速度。在高速网络时代，基于高速计算机处理器和服务器，创建实时数据量已是大势所趋。倘若能够实现数据的实时处理，那么就意味着商务公司可以根据用户最近的搜索、预览和购买记录确定目标客户，并在其浏览的网页上发布广告。
- 多样性（Variety）。非结构化数据的来源多种多样，其占总数据的 90%，比如 GPS 数据、推文或是照片、视频等。
- 易变性（Variability）。大数据具有多层结构，使得大数据会呈现出多变的形式和类型，尤其是语言信息的处理。单个文字本身没有特定含义，因此语境改变会产生字义的变化。

- 精确性（Veracity）。数据的准确性对于分析结果意义重大。在现有的机器学习算法决策的程序中常常缺乏对有用数据的准确定位与抓取，但这一定位的过程与数据处理过程的重要性等同。
- 可视化（Visualization）。数据可视化要根据数据的特性，通过可视化方式将数据直观地展现，有助于数据理解，如时间信息和空间信息等。可视化可能需要几十个变量和参数，这些变量和参数远远超出了标准条形图的表现维度。因此，大数据的可视化是当前重要的研究课题。
- 价值（Value）。随着物联网的广泛应用，信息感知无处不在，而目前社会中的信息量虽然庞大，但价值密度却很低。如何通过强大的机器算法更迅速地完成数据的价值"提纯"，是大数据时代亟待解决的难题。

为实现城市可持续发展、提高居民生活水平，政府大力开展智慧城市建设，推进研发大数据应用程序。智慧城市建设从医疗、交通、能源、教育、水资源以及其他公共事业服务方面着手，降低居民生活成本和资源消耗，让居民积极参与到美好家园建设中来，从而提高居民生活满意度。随着数字化时代的到来，日益进步的科学技术使得利用大数据成为可能。通过利用大数据，有望为居民生活增添福祉，推动智慧城市建设。

在智慧城市生活中，对大数据的依赖无处不在，譬如公共交通、医疗、天气监测、安保、政府管理和流量控制等。所需管理的数据不仅包括城市自身产生的数据，还包括其他与之相关的数据。信息的生产、管理和传播现已是智慧城市不可或缺的部分。智慧城市建设和大数据应用相辅相成，两者缺一不可。然而，大数据在实际应用中仍面临诸多难题，其中包括：①数据格式多样；②数据来源广泛；③数据质量差异大；④实施成本高昂；⑤公众适应程度和接受度低。

7.4 前景展望

在智能交通系统的发展中，安全性和非安全性应用必不可少。这些应用能够让乘客与驾驶员实时了解城市路况信息，从而大幅提高行车安全性与高效性。因此，应用程序必须利用车载网络以及其他相关技术，以便满足在合理的时间内提供信息、在最低服务要求下采取措施。

诸多车载应用程序已经实现缓解交通拥堵、提供用户之间的沟通以及娱乐交互、提高驾驶员舒适性和行车体验等功能。已投入使用的 ITS 应用见表 7.1。

表 7.1 应用程序的详细信息

应用	类型	V2V	V2I	环境	安全通信
Meneguette 等	碰撞后通知	√		高速公路	否
Akabane 等	碰撞后通知	√		城市	否
Souza 等	碰撞后通知	√		高速公路	否
Ganti 等	道路感应		√	城市	否

（续）

应用	类型	V2V	V2I	环境	安全通信
Chen 等	道路感应		√	城市	否
Massaro 等	道路感应		√	城市	否
Meneguette 等	交通功效	√		城市和高速公路	否
Souza 等	交通功效	√		城市	否
Doolan and Muntean	交通功效	√	√	城市	否
Younes 等	交通信号灯控制		√	城市	否
Younes 等	交通信号灯控制		√	城市	否
Huang and Wang	内容下载	√		城市	否
Castro 等	停车场		√	城市	否
Li 等	停车场		√	城市	否
Tasseron 等	停车场		√	城市	否

传感器对环境进行实时监测，并通过 V2V 和 V2I 通信将信息传输给车辆，从而有效辅助驾驶员推测当前道路情况和车辆行驶状态（表 7.1）。但是，传感器失灵、数据文件 I/O 访问失败、甚至是操作失误等原因都有可能导致获取的信息不准确。因此，有必要对获得的数据进行验证，以便在处理和分析传感器数据时，确保来自不同传感器的数据一致，以消除差异、冲突、数据不完整以及信息模糊不清等一系列问题。对验证后的数据进行融合，能够获得比原始数据更可靠的新值，使得分析结果不被信息源破坏。因此，如何从车载传感器中提取有用信息，将其与内部和外部变量相关联，为驾驶员和智能交通系统提供个性化服务是当前面临的一项重大技术难关。

想要了解城市的交通发展水平，就必须准确地获取交通模式、驾驶员行为和机动模式等信息。目前来说，由于车载传感器读取的大量数据难以公开，这使得很难全面了解城市交通发展水平。一旦拥有大量的数据，就可以对交通堵塞、封闭、事故、路障等的道路路况进行识别。因此，了解城市动态是在智能城市中使用这些应用程序面临的挑战之一。

随着 ITS 的发展以及设备通信能力的提升，大数据已经被用于研究城市中居民出行行为以及交通流量的特征。除了升级设备外，考虑到各城市的特殊性，如地域和人口规模、文化背景、经济水平、通勤路径，进行有针对性研发个性化服务设备，从而有效优化资源利用、提高交通服务水平。Englund 等人总结了一些 ITS 在未来城市中针对车辆云和绿色交通的程序，具体包括：

- 车辆临时数据中心。正如 Olario 等人的著作所述，这是指一组车辆在车辆网络中共享计算机资源，以提供 ITS 专用服务。
- 车载流网络。内容共享，尤其是在对内容感兴趣的车辆之间分发的大量数据。通过车辆之间的 P2P 通信建立通信。实时视频数据就是未来应用的一个实例。

- 个人出行管理。正在充电的电动汽车（EV）会根据车主的时间表自主行动，管理车辆的停车时间，从而更好地利用充电桩。
- 生态驾驶。这是指用户通过服务器或云端通信，同一目的地或附近的出行者共享车辆，从而缓解道路上的交通拥堵。

安全性、私密性和舒适性是所有应用程序的首要保障。黑客恶意篡改或未经校准的应用程序都有可能会产生错误的引导信息，错误的指示可能会带来严重后果，例如，由于错误的路线建议而被引导至危险位置，导致驾驶员死亡。更危险的是，可以根据出行方式或一段时间内的数据记录来推断个人信息。因此，这些应用程序必须具备安全机制，以防止未经授权窃取信息，从而使错误信息无法嵌入系统。

7.5 本章小结

本章主要介绍了智能交通系统中车联网的一些安全性、非安全性应用程序，对每一种应用程序的原理、功能及分类进行了详细说明。之后，讨论了各应用程序的基本功能，其目的都是协助管理城市交通、为出行者带来更多舒适性体验。最后，指出该领域面临的重大挑战以及研究展望。

参 考 文 献

1. Aarts E, Korst J (1989) Simulated annealing and boltzmann machines. Wiley, London
2. Akabane AT, Villas LA, Madeira ERM (2015) An adaptive solution for data dissemination under diverse road traffic conditions in urban scenarios. In: Proceedings of the IEEE wireless communications and networking conference, pp 1654 – 1659
3. Allen H, Millard K, Stonehill M (2013) A summary of the proceedings from the united nations climate change conference in Doha, Qatar, and their significance for the land transport sector, Copenhagen: bridging the gap (BTG) initiative
4. Alfatihi S, Chihab S, Alj YS (2013) Intelligent parking system for car parking guidance and damage notification. In: Proceedings of the fourth international conference on intelligent systems, modelling and simulation (ISMS), Bangkok, pp 24 – 29
5. Reyher A, Naya M, Chiba H (2007) Parking assist system. US Patent US20100231717A1. Bosch Corporation
6. Brennand C, Boukerche A, Meneguette R, Villas LA (2017) A novel urban traffic management mechanism based on FOG. In: Proceedings of the ieee symposium on computers and communications, Heraklion, pp 377 – 382
7. Castro MRO, Teixeira MA, Nakamura N, Meneguette RI (2017) A prototype of a car parking management service based on wireless sensor networks for its. Int Rob Auto J 2: 00021
8. Chen K, Tan G, Lu M, Wu J (2016) CRSM: a practical crowdsourcing – based road surface monitoring system. Wirel Netw 22 (3): 765 – 779

9. Cintra M (2013) A crise do trânsito em são paulo e seus custos. GVExecutivo 12 (2): 58 – 61
10. Cuff D, Hansen M, Kang J (2008) Urban sensing: out of the woods. Commun ACM 51 (3): 24 – 33
11. da Cunha FD, Villas L, Boukerche A, Maia G, Viana AC, Mini RAF, Loureiro AAF (2016) Data communication in vanets: protocols, applications and challenges. Ad Hoc Netw 44: 90 – 103
12. de Souza AM, Villas LA (2016) A fully – distributed traffic management system to improve the overall traffic efficiency. In: Proceedings of the 19th ACM international conference on modeling, analysis and simulation of wireless and mobile systems, MSWiM'16. ACM, New York, pp 19 – 26
13. de Souza AM, Boukerche A, Maia G, Meneguette RI, Loureiro AA, Villas LA (2014) Decreasing greenhouse emissions through an intelligent traffic information system based on inter – vehicle communication. In: Proceedings of the 12th ACM international symposium on mobility management and wireless access, MobiWac'14. ACM, New York, pp 91 – 98
14. Dean J, Ghemawat S (2008) Mapreduce: simplified data processing on large clusters. Commun ACM 51 (1): 107 – 113
15. Domingos Da Cunha F, Boukerche A, Villas L, Viana AC, Loureiro AAF (2014) Data communication in VANETs: a survey, challenges and applications. Research Report RR – 8498, INRIA Saclay; INRIA. https: //hal. inria. fr/hal – 00981126
16. Doolan R, Muntean GM (2017) Ecotrec – a novel vanet – based approach to reducing vehicle emissions. IEEE Trans Intell Transp Syst 18 (3): 608 – 620
17. Englund C, Chen L, Vinel A, Lin SY (2015) Future applications of VANETs. Springer, Berlin, pp 525 – 544
18. Ganti RK, Pham N, Ahmadi H, Nangia S, Abdelzaher TF (2010) Greengps: a participatory sensing fuel – efficient maps application. In: Proceedings of the 8th international conference on mobile systems, applications, and services, MobiSys'10. ACM, New York, pp 151 – 164
19. Hartenstein H, Laberteaux LP (2008) A tutorial survey on vehicular ad hoc networks. IEEE Commun Mag 46 (6): 164 – 171
20. Huang W, Wang L (2016) ECDS: efficient collaborative downloading scheme for popular content distribution in urban vehicular networks. Comput Netw 101: 90 – 103
21. Kumar V, Mishra S, Chand N (2013) Applications of vanets: present and future. Commun Netw 5: 12 – 15
22. Leavitt N (2010) Will NoSQL databases live up to their promise? Computer 43 (2): 12 – 14
23. Lee U, Gerla M (2010) A survey of urban vehicular sensing platforms. Comput Netw54 (4): 527 – 544
24. Lee J, Chen W, Onishi R, Vuyyuru R (2008) Vehicle local peer group based multicasting protocol for vehicle – to – vehicle communications. In: Proceedings of the fourth international workshop on vehicle – to – vehicle communications
25. Lee U, Magistretti E, Gerla M, Bellavista P, Corradi A (2009) Dissemination and harvesting of urban data using vehicular sensing platforms. IEEE Trans Veh Technol 58 (2): 882 – 901
26. Li J, An Y, Fei R, Wang H (2016) Smartphone based car – searching system for large parking

lot. In: Proceedings of the IEEE 11th conference on industrial electronics and applications, pp 1994–1998

27. Lo SC, Gao JS, Tseng CC (2013) A water-wave broadcast scheme for emergency messages in vanet. Wirel Pers Commun 71 (1): 217–241

28. Massaro E, Ahn C, Ratti C, Santi P, Stahlmann R, Lamprecht A, Roehder M, Huber M (2017) The car as an ambient sensing platform [point of view]. Proc IEEE 105 (1): 3–7

29. Meneguette RI, Maia G, Madeira ERM, Loureiro AAF, Villas LA (2014) Autonomic data dissemination in highway vehicular ad hoc networks with diverse traffic conditions. In: Proceedings of the IEEE symposium on computers and communications, pp 1–6

30. Meneguette R, Fillho G, Bittencourt L, Ueyama J, Villas L (2016) A solution for detection and control for congested roads using vehicular networks. IEEE Lat Am Trans 14 (4): 1849–1855

31. Meneguette RI, Geraldo Filho P, Guidoni DL, Pessin G, Villas LA, Ueyama J (2016) Increasing intelligence in inter-vehicle communications to reduce traffic congestions: experiments in urban and highway environments. PLoS One 11 (8): e0159110

32. Nadeem T, Dashtinezhad S, Liao C, Iftode L (2004) Trafficview: traffic data dissemination using car-to-car communication. SIGMOBILE Mob Comput Commun Rev 8 (3): 6–19

33. Olariu S (2007) Peer-to-peer multimedia content provisioning for vehicular ad hoc networks. In: Proceedings of the 3rd ACM workshop on wireless multimedia networking and performance modeling, WMuNeP '07. ACM, New York, p 1

34. Olariu S, Khalil I, Abuelela M (2011) Taking vanet to the clouds. Int J Pervasive Comput Commun 7 (1): 7–21

35. Onstar (2017) Onstar. https://www.onstar.com/us/en/home.html. Last visited in June, 2017

36. Paromtchik IE, Laugier C (1996) Motion generation and control for parking an autonomous vehicle. In: Proceedings of IEEE international conference on robotics and automation, vol 4, pp 3117–3122

37. Rettore PHL, Santos BP, Campolina AB, Villas LA, Loureiro AAF (2016) Towards intra-vehicular sensor data fusion. In: Proceedings of the IEEE 19th international conference onintelligent transportation systems, pp 126–131

38. Ryan F, Syedmeysam A, Ghazi ZA, Stephan O (2017) Big data in the parking lot. In: Big data-management and processing. CRC Press, West Palm Beach, pp 425–450

39. Sharef BT, Alsaqour RA, Ismail M, Bilal SM (2013) A comparison of various vehicularad hoc routing protocols based on communication environments. In: Proceedings of the 7th international conference on ubiquitous information management and communication, ICUIMC'13. ACM, New York, pp 48:1–48:7

40. Sugiura A, Dermawan C (2005) In traffic jam IVC-RVC system for its using bluetooth. IEEE Trans Intell Transp Syst 6 (3): 302–313

41. Systematics C et al (2005) Traffic congestion and reliability: trends and advanced strategies for congestion mitigation. Final Report, Texas Transportation Institute. http://opsfhwadotgov/congestion_report_04/indexhtm

42. Tasseron G, Martens K (2017) Urban parking space reservation through bottom – up information provision: an agent – based analysis. Comput Environ Urban Syst 64: 30 – 41
43. Tasseron G, Martens K, van der Heijden R (2016) The potential impact of vehicle – to – vehicle communication on on – street parking under heterogeneous conditions. IEEE Intell Transp Syst Mag 8 (2): 33 – 42
44. Texas Transport Institute, Schrank DL, Eisele WL, Lomax TJ, Bak J (2017) 2015 urban mobility scorecard, mobility report
45. Traffic IS (2015) EPA – united state environmental protection agency. http://www.ibm.com/smarterplanet/us/en/traffic_congestion/ideas. Last visited in January, 2017
46. US Department of Transportation (DOT), US Department of Transportation Statistics B (2017) National transportation statistics 2014, Technical Report
47. Vegni AM, Biagi M, Cusani R (2013) Smart vehicles, technologies and main applications in vehicular ad hoc networks. In: Giordano LG, Reggiani L (eds) Vehicular technologies –
48. deployment and applications, chap 1. InTech, Rijeka Villas LA, Boukerche A, Maia G, Pazzi RW, Loureiro AA (2014) Drive: an efficient and robust data dissemination protocol for highway and urban vehicular ad hoc networks. Comput Netw 75: 381 – 394
49. Wischhof L, Ebner A, Rohling H (2005) Information dissemination in self – organizing interve – hicle networks. IEEE Trans Intell Transp Syst 6 (1): 90 – 101
50. Younes MB, Boukerche A (2016) Intelligent traffic light controlling algorithms using vehicular networks. IEEE Trans Veh Technol 65 (8): 5887 – 5899
51. Younes MB, Boukerche A, Mammeri A (2016) Context – aware traffic light self – scheduling algorithm for intelligent transportation systems. In: Proceedings of the IEEE wireless communications and networking conference, pp 1 – 6
52. Zaldivar J, Calafate CT, Cano JC, Manzoni P (2011) Providing accident detection in vehicular networks through OBD – II devices and android – based smartphones. In: Proceedings of the IEEE 36th conference on local computer networks, pp 813 – 819

第8章
实现和测试工具

对各种智能交通系统（Intelligent Transport System，ITS）的服务、应用程序和协议进行评估是一项复杂的工作，因为这些系统集合了多种技术，并且每种技术都存在很多需要改进的不足之处。另外，评估这类系统的成本可能会很高，因为它不仅涉及设备，还涉及城市居民，还需要考虑被评估系统的使用条件。计算机仿真技术，可以设定各种条件，提出备选方案并评估解决方案，同时可描绘条件的复杂程度，避免进行昂贵的实物试验以及对城市系统的干扰。应用仿真技术还可以降低成本，并在评估新协议、系统或服务器时提供更强的可测量性。本章将介绍面向智慧城市的智能交通系统的主要仿真工具，以及这些仿真工具中所涉及的概念。

8.1 引言

ITS 必须同时协调多个技术，如车联网、传感器网以及蜂窝网，因此需要解决很多的问题。对 ITS 的协议和服务进行性能测试可能需要大量的人力，成本高昂，还需要良好的天气和环境。此外，在多变量环境中重复既定的试验是一件十分困难的事。计算机仿真技术所消耗的资源更少，具有很大的优势。然而，尽可能真实地模拟现实环境仍是当前该领域所面临的问题之一。

建模和仿真对于确定和预测影响城市交通的因素和事件至关重要，也对规划和解决交通问题具有重要的价值。通过仿真可以设定环境条件，提出备选方案并评估解决方案；同时可以描绘条件的复杂程度，避免进行昂贵的实物试验以及对既有城市系统造成干扰。

车联网（Vehicular Network）的仿真是一项复杂的工作，因为它涉及信号传递的建模、媒体访问协议以及其他多种网络协议。此外，车联网是基于特定模型开发的移动网络，因此问题集中在了仿真的真实性，特别是车辆出行方面。使用不精确的模型会导致仿真结果产生偏差、不可靠甚至完全错误。道路交通的出行模型描述了城市交通流、公交规则以及交通管理效率评价，模拟器的使用仅限于车辆的移动或单个应用领域。

车辆的出行建模可以描述为三个不同的层面：

① 宏观层面，代表道路交通。在这个水平上，车流以一定的速度和密度在道

路上移动，有流入和流出，但是没有个体车辆的信息，只是一个总体概括。

② 中观层面，其在个体车辆层次上建模，由于使用宏观测量确定每辆车的速度，因此，车辆在运动中并不是相互独立的。

③ 微观层面，对每辆车按自主实体进行建模。可以独立地描述每个驾驶员的操作行为，提供驾驶员的加速度和行为信息。

上述不同层面都有其优缺点，并可以影响 ITS 模拟环境的建模。

为新的 ITS 环境建模需要结合通信模式、交互方式、控制和决策等因素，否则容易出现性能损失和互通性问题。目前已经开发了一些系统来融合交通和网络模拟器，此外，现有的仿真系统并未实现根据实时的实际环境状态感知输入数据调整和纠正变化趋势。

大多数为评估 ITS 的应用程序、服务和协议而提出的解决方案都使用已经建立好的网络模拟器，并配合一个移动模拟器或软件，用来确认预先制定的如车联网、无线网等各种技术标准的可靠性。

本章概述了一些旨在实施和评估 ITS 新服务、应用程序和协议的工具。这些工具可以使我们以标量方式评估所提出的解决方案，并验证它们在实际环境中的效率。本章其余部分安排如下：8.2 节讨论了移动模型的概念，并描述了目前这类模型的主要类别；8.3 节描述了网络模拟器，重点介绍了模拟器的主要类别；8.4 节介绍了仿真中的集成移动和路网模块；最后，8.5 节总结了本章内容。

8.2 出行模型和仿真

要在 ITS 中使用所有类型的应用程序，就需要评估整个系统，并建立一个真正的测试环境，包括目前所发现的所有约束，如费用、网络复杂性、分布式环境和高移动性。为简化对新系统有效性的验证工作，仿真器可以帮助评估新协议和服务，允许使用任何类型的网络和必要的基础设施。例如，允许用户在考虑路径、安全性、车辆出行以及其他类似于现实情况的因素下模拟路网。因此，仿真的一个关键点是建立能反映真实世界的模型和参数，使得到的结果与真实世界的体验一致。

在面向 ITS 的环境仿真中，一个主要的困难与城市车辆的出行模型相关。这种出行模型不仅要考虑居民的出行，还要考虑城市中车辆的出行。因此，模型需要反映人们的行为以及表现在交通法规、受限的道路型式和实际交通中的城市出行特征。为了获得真实可靠的仿真结果，必须建立一个出行模型来模拟车辆和人员的出行模式。

为了生成出行模型，需要使用多个参数，例如拓扑图、模拟城市道路上驾驶员的行为以及模拟车辆的移动方向、速度等。这些参数值必须能反映实际情况，因此不能随机选择。由于获取这些参数值十分困难和复杂，研究人员简化了假设，忽略了多种参数。现在的大多数移动模型都包括一个拓扑图，或者至少一个图形，比如运动限制。此外，所有车型都没有车辆发动机参数，车辆行为仅限于平稳加速或减速状况。

据文献 [1, 7]，车辆出行模型可分为四类：
- 综合模型：所有模型都基于数学模型。
- 基于调查的模型：经过调查得到的模型。
- 基于轨迹的模型：来自真实移动轨迹的模型。
- 基于交通仿真的模型：利用微观交通模拟器的模型。

下文将讨论一些文献给出的模型；此外，还将描述如何验证出行模型；最后，讨论出行模型所面临的困难。

8.2.1 综合模型

第一种出行模型是综合模型，这类模型是基于数学方程来对现实出行模型进行描述。根据 Fiore 等人的研究成果，这类模型又可以分为以下几种：
- 随机模型：完全依赖于随机出行。
- 交通流模型：反映出行模型的力学特性。
- 跟车模式：监控车与车之间的通信行为。
- 排队模型：道路以排队缓冲器来表示，并假定车辆在这样的道路上行驶。
- 行为模型：反映社会交互对出行的影响。

同样还可以根据其他标准对综合出行模型进行分类：①交通层面，给出了有关城市道路、阻碍道路上车辆相互通信的障碍物以及道路上车辆密度的细节标准；②运动层面，建立了车联网之间的拓扑结构，并根据在交通层面上收集的信息分析其行为，此外，还需要对人的行为模式进行识别。

一些研究人员，如 Musolesi 等人开发了一个基于社会网络理论的综合出行模型，并用真实轨迹对模型进行了验证。研究表明，该模型可以较合理地模拟人的出行模式。

Hsu 等人提出了加权路径点模型（Weighted Waypoint Model，WWM），该模型使用真实轨迹数据来调整综合模型的参数。WWM 将偏好添加到随机路径点，该"偏好标准"使用了在南加州大学校园内获得的出行轨迹进行校准。

对于该模型，有必要建立一个验证数学模型，以保证其能真实反映实际的出行。因此，需要对真实的轨迹进行提取，以便与随后使用的综合模型进行比较。这类模型面临的主要困难在于人的行为建模的复杂性。复杂性来自个体在受到刺激和干扰时做出反应的波动性，并会对出行模型产生影响，因此，精确的移动模型应该考虑行为理论。

8.2.2 基于调查的模型

基于调查的模型以采集到的人的行为和行动的数据为基础，其中数据与宏观移动信息密切相关。最实质性的调查是由美国的各个实验室提供的，这些实验室收集了大量关于美国居民行为的统计数据，例如开始工作时间、午餐时间、通勤时间以及午餐偏好。模型中包含了这些统计数据，能够再现城市居民的行为。

我们可以引用 UDel 模型对城市出行网络进行仿真。研究人员借助出行模拟器监测了劳工统计系的学生，并综述了行人时间花费和车辆出行的研究。有了这些数据，出行仿真器就可以对到达时间、午餐时间、休息、外出、行人、车辆动态以及工作日时间分配情况（例如会议规模、频率和持续时间等）进行建模。

基于日程的出行模型同时增加了地理上的出行和社会活动，每个人的行动都是基于一个单独的日程，其中包括一天内的各种活动。可以从"全美家庭旅行调查"得到的数据来获得活动分布、职业分布和停留时间分布。

这类模型面临的一个重要问题在于构建一个抽象的、可监控的行为基础架构，以便能够基于抽象的数据生成一个通用模型。

8.2.3 基于轨迹的模型

与之前介绍的其他模型不同，基于轨迹的模型不涉及数学建模，也没有从实际的出行模式中生成模型。此类模型直接使用轨迹数据，并从出行轨迹中提取通用的出行模式。因此，这类模型在分析过程中可用于监测车辆和人的运动，以根据其运动和位置获得轨迹信息。

在 Tuduce 等人的研究工作中可以找到这类模型的例子，他们提出了一个基于苏黎世联邦理工学院校园无线局域网真实数据的出行模型。作者将仿真区域划分为一个个正方形，并运用接入点数据推导出相邻正方形之间的转换概率。

Yoon 等人生成代表实际出行的概率移动模型，模型主要基于 Wi-Fi 用户和接入点之间的关联数据，以及被收集轨迹的区域地图。他们推导出一个离散时间马尔可夫链，它不仅考虑了当前的位置，而且考虑了以前的位置以及给定路线的起点和终点。

这类模型面临的最大问题是需要直接从真实的轨迹中提取模式。此外，需要建立一个基于真实轨迹的、计算开销较低的车辆出行模型也是该类模型的另一个困难。

8.2.4 基于交通仿真的模型

这类模型可以通过交通仿真器获得城市交通的轨迹数据，而不是具体的真实数据。这些仿真器可以仿真微观的城市交通、能源消耗、噪声水平和污染等，它们不能直接用作网络仿真，即没有网络接口。模拟器可以解析交通和网络仿真输入文件。因此，用户可以验证交通模式，并获得当前任何车辆出行模型都无法获得的详细信息。下面将介绍几种仿真器。

车联网中的出行模型生成器（MOVE）可自动创建车联网的出行模型。此工具包含路线图编辑器和车辆出行编辑器，使用路线图编辑器，用户可以手动创建地图、自动生成地图，甚至可以导入真实地图。车辆出行编辑器允许用户将每个车辆的路线添加到先前生成的地图中。

城市出行仿真（Simulation of Urban Mobility，SUMO）是一个微观的城市交通仿真系统，可用于车联网的仿真。SUMO 模拟在不发生碰撞情况下的不同类型车辆的运动，支持多种路线，其运行基于驾驶员行为模型配合道路上的交通控制器。SUMO 的主要特点为：①仿真元素的尺度，在 SUMO 中可以准确地建模和控制单个车辆、行人和公共交通系统；②导入和创建场景，SUMO 包含有一系列的工具，允许创建不同类型的路网，以及根据之前从其他服务（如 OpenStreetMap）获得的地图信息创建道路场景；③在线交互，SUMO 可以在线与仿真元素进行交互，因此，可以在单独的仿真时间内，改变单独车辆的路线和信号灯的时间，此外，还可以将交通仿真器与通信网络仿真器进行集成；④性能，SUMO 可以仿真大型网络，如大城市中的车辆交通。除了可以在微观层面上仿真车辆和行人的出行（这是它的主要功能），SUMO 还提供了一系列的工具和库，旨在促进不同类型的场景的开发，并对车辆和行人问题进行研究。例如，SUMO 可以创建不同类型的道路基础设施，从地图中输入道路基础设施，确定车辆需求及其行驶路线，研究燃料消耗，并评估车辆排放。

将信息发送到网络仿真器而不接收反馈信息的这类交通仿真器被称为"以网络为中心的仿真器"。然而，对于车联网的某些应用来说，驾驶员需要通过网络获取信息来做出路线决策。这类所包含的流量模块能从网络模块获取信息的仿真器类型称为"以应用为中心的仿真器"，大多数交通仿真器是以网络为中心的。但是，交通和网络仿真环境（Traffic and Network Simulation Environment，TraNS）既能够以网络为中心，也能够以应用为中心。TraNS 是一套使用 NS-2 和 SUMO 的仿真工具。此外，由于软件中包含交通控制接口（Traffic Control Interface，TraCI），即一个连接网络仿真器和交通仿真器的接口模块，使得这种分析成为可能，该工具还可以测试车联网中应用对车辆行为的影响。TraCI 向交通仿真器发送移动指令，并向网络仿真器提供新的移动模型，这个仿真器的另一个优点是拥有应用程序开发系统。

这类模型面临的主要问题是交通仿真器配置的复杂性，因为校准通常需要大量的参数。此外，与交通分析、全局车辆出行模式和精确车辆行为等其他模拟器相比，车联网仿真器没有太多的细节层次。

8.2.5 验证

模型得出的结果需要进行进一步验证，从而确定结果与实际情况的相似程度。因此，需要将模型生成的结果与实际结果进行比较。

如果可以获得真实的轨迹数据，则可以通过检查出行模型生成的轨迹与真实轨迹之间的误差来进行验证。另一种验证形式称为委托验证，即与验证模型的结果进行比较，而不是与真实数据进行比较。

在对 ITS 将使用的服务或协议进行分析之前，应该进行验证。

8.2.6 优缺点

研究人员可以观察用于评估 ITS 的服务和协议的每一类出行模型的复杂性和面临的困难。因此，根据出行模式的复杂性可以判断数学模型是否能够以高精度水平重现城市居民的出行。然而，如果模型的复杂度很高，则可以使用个体监测来生成一个通用的出行模式，即基于城市出行的日常观察来生成出行模式。

出行模型的使用也可取决于所使用的服务或应用的类型，例如，数据分发协议是充分且可追踪的，使用基于调查的模型会比较适合。

8.3 网络仿真工具

出行模型不仅对评估 ITS 的服务或协议的性能至关重要，对整个 ITS 元素之间的通信协议组也是必不可少的。为此，研究人员还可以使用仿真器来评估所有网络的性能，从而显示所有可能存在的问题。目前实现这一目的的最佳方法就是应用仿真技术，以提供最接近真实情况的结果。

目前，很多仿真器被用来测试和评估 ITS 的新协议和应用。下文将介绍其中的几个。

8.3.1 网络仿真器

网络仿真器（Network Simulator，NS）是一个离散事件仿真器，产生于虚拟互联网络试验（Virtual InterNetwork Testbed，VINT）项目。该项目由 DARPA、USC/ISI、Xerox PARC、LBNL 和伯克利大学共同参与。NS 的一个巨大优势在于它是完全免费和开源的，允许用户进行任何必要的调整，且仿真器支持对大量网络技术（有线和无线）和不同场景的仿真。

目前这个仿真器有两个版本，分别是 NS-2 和 NS-3。NS-2 用两种语言编写：C++用于基本结构（例如协议、媒介）；面向对象的工具命令语言（Object-oriented Tool Command Language，OTCL）用于前端，OTCL 是麻省理工学院专门开发的一种解释性语言。使用两种编程语言是基于两种不同的需求。一方面，需要一种更强大的语言来处理字节和数据包，并实现运行大型数据集的算法。在这方面，C++作为一种传统的编译语言，已被证明是最有效的工具。另一方面，在仿真过程中，需要以一定的频率进行调整。例如更改链接的大小并进行测试，更改延迟并进行测试，添加节点并进行测试。简而言之，如果每个参数发生变化（仿真中有许多参数），就需要编译并测试它，便会有大量的损耗。由于 OTCL 对模型更改和重新执行的交互过程进行了简化，因此可以避免给用户造成的损耗。在 NS-2 中，必须手动标记网络节点，从而查找移动节点以及发送和接收数据的节点。

相比 NS-2，NS-3 在仿真组件的可编程性方面做了改进。在 NS-3 中，整个仿真器是用 C++ 编写的，可选支持 Python，因此，仿真代码只能用 C++ 或 Python 编写。网络动画生成器（NAM）可以对一些仿真结果进行可视化操作，新的可视化形式正在开发中。NS-3 以 PCAP 格式生成轨迹文件包，以便其他工具进行分析。在 NS-3 中，可以在运行时将多个对象（例如节点等）链接在一起。这个聚合模型可以操纵对不同对象之间的访问，并促进合理的内存控制。

8.3.2 JiST/SWANS

JiST/SWANS 程序代码是开源的，并在康奈尔大学研究基金会（Cornell Research Foundation）的许可下发布，该仿真器使用了在 JiST 平台上构建的可扩展无线网络仿真器 SWANS。JiST 是一种在 Java 虚拟机（Java Virtual Machine，JVM）上运行的高性能离散事件仿真工具，通过在字节码中嵌入仿真时间语义，JiST 将现有的虚拟机转换为仿真平台。JiST 用 Java 编写，使用普通 Java 编译器编译，并运行在标准的、未修改的虚拟机上。JiST 可实现大规模仿真，同时节省内存，并通过仿真网络运行标准的 Java 网络应用。

SWANS 利用了 JiST 的优势，此外，还采用了名为层次归类的数据结构，能高效地计算信号的传播。

8.3.3 OMNeT++

OMNeT++ 离散事件仿真环境发布于 1997 年，由集成开发环境（Integrated Development Environment，IDE）、仿真内核和执行环境组成。IDE 基于 Eclipse 开发环境，这有助于配置和开发新的协议和服务。仿真内核包括两个模块：行为模块和描述模块。其中，行为模块采用 C++ 编写，并描述了模块在仿真中必须执行的服务和功能，例如管理与其他模块的通信频道、管理它们的功能以及发送控制消息；描述模块将模块的主要参数存储在纯文本消息定义（msg）和网络描述（ned）文件中。使用这些模块，OMNeT++ 可以轻松地与第三方库进行交互，并使用现成的实用工具进行调试。因此，OMNeT++ 同样适用于快速原型设计和产品质量应用的开发。

OMNeT++ 离散事件仿真环境是一个执行环境，可以分为两大功能：①基于环境的命令行，以执行专用机无人批处理操作为目标；②图形环境，更好地支持与运行中的仿真组件的交互，从而可以直接监视或更改内部状态。

8.3.4 优缺点

尽管这些仿真器包含了多种网络通信技术的主要协议，但这些协议的配置及其性能必须与实际情况及参数相似，以便生成可靠的结果。此外，这些仿真器没有可以充分仿真城市 ITS 环境的移动模型，需要整合其他协议或方法来生成和管理网络节点的移动。

因此，这些仿真器的一大困难在于生成符合现实情况的结果。此外，仿真器需要能够与其他仿真器（如出行仿真器）进行交互，以便获得新的功能。

8.4 出行和网络集成仿真模块

本节将介绍集成网络的出行仿真器和集成的方法，以及生成、控制出行节点的方法，从而构建一个更接近真实世界的仿真环境。

8.4.1 iTETRIS

实时道路交通管理解决方案的集成无线和交通平台（Integrated Wireless and Traffic Platform for Real – Time Road Traffic Management Solutions, iTETRIS）可用来集成和仿真 ITS 应用。iTETRIS 解决了所面临的某些问题，包括：①动态、分布式和自主 ITS；②现实的车与车（V2V）以及车与基础设施（V2I）的通信；③道路交通和无线集成开源仿真平台。为此，iTETRIS 将无线通信和道路交通仿真平台集成在一个环境中，从而可以因地制宜地在市域层面对协同 ITS 进行性能分析。

iTETRIS 提供了一个标准兼容、开源的集成通信和交通平台，该平台适用于大规模场景的仿真。iTETRIS 包含四个关键模块，即网络仿真器 NS – 3、交通仿真器 SUMO、ITS 应用仿真器以及被称作 iTETRIS 控制系统（iCS）的中央联合模块。iCS 旨在处理多个 ITS 应用与 NS – 3 和 SUMO 的交互。因此，iCS 包含能连接各种模块的接口，可实现出行模型和网络模型之间的交互。图 8.1 描述了面向 ITS 的 iTETRIS 仿真器的架构。

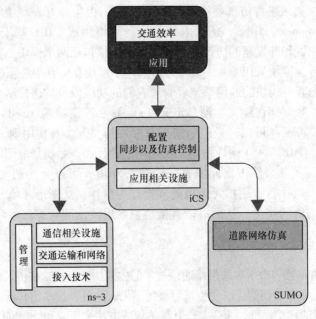

图 8.1　iTETRIS 平台的架构

对于 ITS 的应用和服务，iTETRIS 应用了 ETSI ITS 体系架构，这有助于开发新的应用或评估 ITS 新的通信协议。其仿真器的体系结构分为两部分：第一部分管理 ITS 应用逻辑、iCS、SUMO 以及 NS－3 之间的所有连接；第二部分是 ITS 应用逻辑容器。Bellavista 等人对该层进行了拓展，从而构建具有创新性的、灵活的高级节点体系结构，支持必要的发送和接收原语功能，非常类似于 NS－3。

8.4.2 VSimRTI

V2X 模拟运行时基础设施（VSimRTI）是评估协同 ITS 新解决方案的框架，可以为车辆出行和先进的通信技术（如 V2X 通信和蜂窝网络）进行精确建模。VSimRTI 使用了"插件"的概念，其灵感来自高层体系结构（HLA）的一些基本概念。因此，VSimRTI 可以用远程控制接口连接任意的仿真系统。图 8.2 描述了 VSimRTI 仿真器。

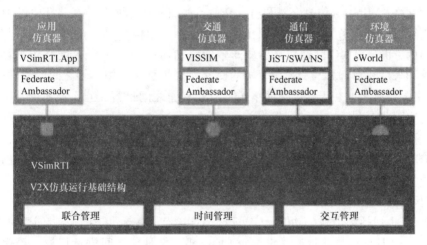

图 8.2 VSimRTI 仿真器接口示意

应用仿真器的体系结构基于 ETSI ITS 标准，除了沙箱应用层外，它还提供了支持应用、信息和通信的多种层工具，支持一系列常用的应用和服务，例如流量仿真器 SUMO 和 PHABMACS。VsimRTI 还允许使用其他网络仿真器进行通信仿真（如 NS－3、OMNeT＋＋和蜂窝通信仿真器）以及一些可视化和分析工具。

8.4.3 Veins

Veins 是一个通信网络仿真框架，它由一系列专门为研究车联网而开发的模型组成。OMNeT＋＋4 离散事件仿真器与 SUMO 交通仿真器一起负责执行这些模型。图 8.3 显示了 Veins 的总体架构，因为 Veins 是一个仿真框架，所以它是开发特定应用的基础。然而，由于 Veins 由多个模型组成，只有对现有模型进行分组并修改一些参数才能使用，这将有助于 ITS 的应用研究。

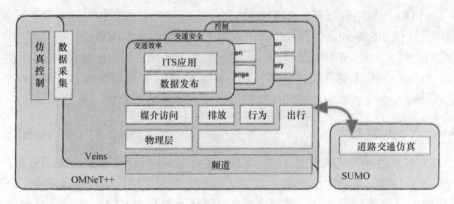

图 8.3 Veins 仿真器架构

在 Veins 中，每个仿真都是通过并行执行两个仿真器来进行：OMNeT++，仿真通信网络；SUMO，仿真车辆和行人交通。如前所述，两个仿真器都通过 TCP 套接字进行通信，所采用的通信协议由 TraCI 定义，这样可以同时仿真数据通信和移动交通两方面。SUMO 交通仿真器中车辆的移动通过 OMNeT++ 网络仿真器中节点的移动来反映，例如与交通仿真器的交互允许仿真交通中车辆之间的通信效果。Veins 引人瞩目之处在于能够使网络仿真器和交通之间进行交互，这对用户是完全透明的，因此有利于应用的开发。

Veins 包括一个专门为网络环境而设计的 802.11 无线网络仿真模型，该模型是按照 IEEE 802.11p 通信标准定义的。在 Veins 模型的功能中，我们可以列出不同服务质量的接入频道，它们遵循 EDCA、特定的时间特性、道路环境帧的调制和编码，以及各种通信频道模型。

Veins 也包括频道跳频功能，它可以在 DSRC/Wave 标准下的控制频道（Control Channel，CCH）和服务频道（Service Channels，SCH）之间进行切换。该模型还可实现对波形短消息、信标交换、基本安全消息及协同感知消息的操作。

Veins 还包括了一个符合日本 ITS 通信标准 ARIB T109 的模型，该模型使用 TDMA 和 CSMA/CA 组合，同时具备物理层和介质访问层的特性。

精确的信号传播模型是 ITS 研究的基础。通常我们是假设信号在没有任何干扰的情况下传播，但这和实际情况并不相符。因此，Veins 应用双线干扰信号传播模型，可以更真实地反映例如信号反射等的效果。

无线电传输受信号衰减效应的影响很大。准确获知这类衰减效应在 ITS 的应用研究中至关重要，尤其是在城市环境中，建筑物阻挡了无线电信号的传播。考虑到这一点，Veins 包括一个障碍物信号衰减模型，该模型能够真实反映由建筑物引起的阻碍信号的影响，如图 8.4 所示。

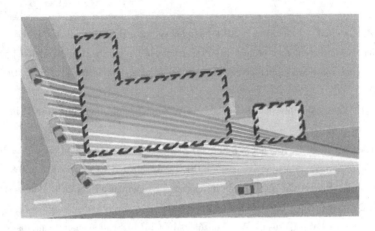

图 8.4　Veins 中障碍物信号衰减模型

8.4.4　优缺点

与网络仿真器一样，这些集成了出行和网络的仿真器不仅具有真实的仿真环境，而且还使用与真实世界相似的参数和功能。由于环境不仅要考虑节点的移动和轨迹，还要考虑城市周围的整个物理环境（如建筑物、房屋、树木和可能干扰仿真环境的物体），因此面临的困难更加严峻。

因此，这些系统不仅要考虑仿真行为，还要考虑构成其环境元素的行为，以及其中的车辆、人员、物体和装置的移动。

8.5　本章小结

本章介绍了用于评估和验证 ITS 新协议和服务的主要工具，同时阐述了涉及评估最重要的移动模型，并讨论了用来建模的主要概念。此外，还介绍了可以仿真通信协议的一些主要的网络模拟器，这些网络模拟器可以为 ITS 开发和评估新的通信协议。最后，列出了主要的模拟器和工具，这些模拟器和工具将移动模型与网络模拟器集成在一起，以便开发更现实的场景，从而获得更接近真实路网的结果。

参 考 文 献

1. Al‑Sultan S，Al‑Doori MM，Al‑Bayatti AH，Zedan H（2014）A comprehensive survey onvehicular ad hoc network. J Netw Comput Appl 37（Supplement C）：380‑392
2. Barr R，Haas ZJ，van Renesse R（2005）Jist：an efficient approach to simulation using virtualmachines. Softw Pract Exp 35（6）：539‑576
3. Behrisch M，Bieker L，Erdmann J，Krajzewicz D（2011）Sumo‑simulation of urban mobility：an overview. In：Proceedings of the third international conference on advances in systemsimulation，Thi‑

nkMind

4. Bellavista P, Caselli F, Foschini L (2014) Implementing and evaluating v2x protocolsover itetris: traffic estimation in the colombo project. In: Proceedings of the fourth ACMinternational symposium on development and analysis of intelligent vehicular networks andapplications, ACM, DIVANet' 14, pp 25 – 32

5. Fiore M et al (2006) Mobility models in inter – vehicle communications literature. Politecnicodi Torino, p 147

6. Fiore M, Harri J, Filali F, Bonnet C (2007) Vehicular mobility simulation for vanets. In: Proceedings of the 47th annual simulation symposium. IEEE, Washington, DC, pp 301 – 309

7. Harri J, Filali F, Bonnet C (2009) Mobility models for vehicular ad hoc networks: a survey andtaxonomy. IEEE Commun Surv Tutorials 11 (4): 19 – 41

8. Hasan S, Schneider CM, Ukkusuri SV, González MC (2013) Spatiotemporal patterns of urbanhuman mobility. J Stat Phys 151 (1 – 2): 304 – 318

9. Heinovski J, Klingler F, Dressler F, Sommer C (2016) Performance comparison of ieee802. 11pand aribstd – t109. In: Proceedings of the IEEE vehicular networking conference, pp 1 – 8

10. Hrizi F, Bonnet C, Härri J, Filali F (2013) Adapting contention – based forwarding to urbanvehicular topologies for active safety applications. Ann Telecommun – annales des télécommunications 68 (5): 267 – 285

11. Hsu Wj, Merchant K, Shu Hw, Hsu Ch, Helmy A (2005) Weighted waypoint mobility modeland its impact on ad hoc networks. SIGMOBILE Mob Comput Commun Rev 9 (1): 59 – 63

12. iTETRIS (2017) iTETRIS simulation platform. http://www.ict – itetris.eu/platform.htm. Lastvisited in Oct, 2017

13. Jiang D, Delgrossi L (2008) Ieee 802. 11p: Towards an international standard for wirelessaccess in vehicular environments. In: Proceedings of the IEEE vehicular technology conference, pp 2036 – 2040

14. JiST/SWANS (2017) Java in simulation time/scalable wireless ad hoc network simulator. http://jist.ece.cornell.edu/. Last visited in Oct, 2017

15. Karnadi FK, Mo ZH, Lan KC (2007) Rapid generation of realistic mobility models for vanet. In: 2007 IEEE wireless communications and networking conference, pp 2506 – 2511

16. Kim J, Sridhara V, Bohacek S (2009) Realistic mobility simulation of urban mesh networks. Ad Hoc Netw 7 (2): 411 – 430

17. Li YJ (2012) An overview of the DSRC/WAVE technology. Springer, Berlin/Heidelberg, pp 544 – 558

18. Manzoni P, Fiore M, Uppoor S, Domínguez FJM, Calafate CT, Escriba JCC (2015) Mobilitymodels for vehicular communications. Springer International Publishing, Cham, pp 309 – 333

19. Meneguette RI (2016) A vehicular cloud – based framework for the intelligent transportmanagement of big cities. Int J Distrib Sens Netw 12 (5): 8198597

20. Musolesi M, Mascolo C (2007) Designing mobility models based on social network theory. SIGMOBILE Mob Comput Commun Rev 11 (3): 59 – 70

21. NS (2017) NS – documentation. https://www.nsnam.org/. Last visited in Oct, 2017
22. OMNeT++ (2017) Omnet++ discrete event simulator
23. OpenStreetMap (2017) OpenStreetMap. https://www.openstreetmap.org/. Last visited in Oct, 2017
24. Piórkowski M, Raya M, Lugo AL, Papadimitratos P, Grossglauser M, Hubaux JP (2008) Trans: realistic joint traffic and network simulator for vanets. SIGMOBILE MobComput CommunRev 12 (1): 31–33
25. Rondinone M, Maneros J, Krajzewicz D, Bauza R, Cataldi P, Hrizi F, Gozalvez J, KumarV, Röckl M, Lin L, Lazaro O, Leguay J, Haerri J, Vaz S, Lopez Y, Sepulcre M, WetterwaldM, Blokpoel R, Cartolano F (2013) itetris: a modular simulation platform for the large scaleevaluation of cooperative its applications. Simul Model Pract Theory 34 (Supplement C): 99–125
26. Sommer C, Joerer S, Dressler F (2012) On the applicability of two–ray path loss models forvehicular network simulation. In: Proceedings of the IEEE vehicular networking conference, pp 64–69
27. Sommer C, Härri J, Hrizi F, Schünemann B, Dressler F (2015) Simulation tools andtechniquesfor vehicular communications and applications. Springer International Publishing, Cham, pp365–392
28. TraCI (2017) Introduction to TraCI. http://sumo.dlr.de/wiki/TraCI. Last visited in Oct, 2017
29. Tuduce C, Gross T (2005) A mobility model based on WLAN traces and its validation. In: Proceedings IEEE 24th annual joint conference of the IEEE computer and communicationssocieties, vol 1, pp 664–674
30. Varga A, Hornig R (2008) An overview of the omnet++ simulation environment. In: Proceedings of the 1st international conference on simulation tools and techniques forcommunications, networks and systems and workshops, ICST (Institute for computersciences, social–informatics and telecommunications engineering), Simutools'08, pp 60:1–60:10
31. Veins (2017) Veins – in–depth information on select components. http://veins.car2x.org/documentation/modules/. Last visited in Oct, 2017
32. VSimRTI (2017) VSimRTI – smart mobility simulation. https://www.dcaiti.tu–berlin.de/research/simulation/. Last visited in Oct, 2017
33. Yoon J, Noble BD, Liu M, Kim M (2006) Building realistic mobility models fromcoarsegrained traces. In: Proceedings of the 4th international conference on mobile systems, applications and services, ACM, MobiSys'06, pp 177–190
34. Zheng Q, Hong X, Liu J (2006) An agenda based mobility model. In: Proceedings of the 39thannual simulation symposium, p 8